SV

Band 233 der Bibliothek Suhrkamp

Alexander Mitscherlich

Die Idee des Friedens und die menschliche Aggressivität

Vier Versuche

Suhrkamp Verlag

17. Auflage 1993

Druck: Nomos Verlagsgesellschaft, Baden-Baden
Printed in Germany

Inhalt

Aggression – Annäherung an das Thema vom Alltag her

Heftigkeit, Beweglichkeit, leichte Weckbarkeit aggressiven Verhaltens sind typische Artmerkmale des Menschen. Für gewöhnlich stört Aggression das Zusammenleben, deshalb richtet sich Moral häufig gegen sie. Aus Aggression wird eine Untugend. Es sei denn, das Gegenteil trifft zu. Aggression nimmt dann die Züge einer heldischen, männlichen Tugend an, eines Führermerkmals. Richtet sie sich gegen »Feinde«, ist sie von Beifall gefolgt, unter Freunden und Bekannten soll sie schweigen. Aber wieviel List wird nicht aufgeboten, um ihr freien Lauf zu garantieren. Feinde müssen gefunden, gar erfunden werden, damit sie zur Befriedigung kommt. Im Umgang mit manchen Menschen weiß man nicht, wann man ihm als Freund, wann als Feind dienen muß. All das hat nicht zum Verständnis des Phänomens menschlicher Aggression beigetragen.
In dieser Lage lassen sich zwei Fragen stellen: welcher Energiequellen bedient sich Aggression; und welches sind die Bedingungen, unter denen sie zur zerstörerischen Macht wird, welches jene, in denen sie unsere Aktivität, unsere Produktivität speist? Aber da kommen wir bereits in Schwierigkeiten der Terminologie. Viele Forscher möchten den Begriff von vorneherein auf Handlungen eingegrenzt sehen, in denen Menschen untereinander sich zu schädigen trachten.
Eine kurze begriffliche Vorverständigung ist deshalb zweckmäßig. Wir haben eine Vielzahl von Bedürfnissen, denen man ebenso viele Triebe zuordnete. Zu einer

tieferen Erkenntnis der Struktur unseres Seelenlebens sind wir mit dieser beschreibenden Methode nicht gekommen. Sie bleibt an der Oberfläche und kann in vieler Hinsicht nichts über den Motivhintergrund einer beobachteten Handlung aussagen. Freud ordnete diese vielen Einzeltriebe einem Triebpaar elementarer Grundbedürfnisse ein. Was wir als Bedürfnisse erleben, sind Abkömmlinge, Repräsentanten dieser energetischen Prozesse, die sich ständig regenerieren, Spannungen erzeugen und nach Entspannung verlangen. Am Ende einer sehr langen theoretischen Bemühung hat Freud dieses gegensätzliche Triebpaar mit den Begriffen »Eros« und »Todestrieb« benannt. Die Frage, ob der Aggression ein Todes*trieb* zugrunde liegt, ist unentschieden. Die meisten Forscher behalten deshalb die frühere Bezeichnung »Libido« und »Aggression« für die zwei Arten der Triebenergie bei.

Freud folgend unterscheiden wir Triebquelle, Triebobjekt und das Triebziel. Triebquelle ist der Organismus, der aggressive und sexuelle Spannungen von wachsender Intensität erzeugt. Zur Bezeichnung dieser Spannungen benutzen wir das Wort Energie. Je stärker die Spannung, desto mehr nötigt sie sich dem inneren Erleben als Bedürfnis auf und beherrscht Aufmerksamkeit und Verhalten. Triebobjekt ist alles, was zur Spannungsminderung beizutragen vermag, vor allem sind in diesem Sinn andere Menschen, andere Subjekte also, Objekte des Strebens. Wie vergleichbar in dieser inneren Dynamik Liebe und Aggression als Triebabkömmlinge, als Triebrepräsentanten sind, zeigt sich daran, daß wir Liebes- und Haßobjekte besitzen, und daß die Besetzung der Objekte mit der einen oder anderen

Energieform wechseln kann; aus einem Haß- kann ein Liebesobjekt werden und umgekehrt.
Außerdem muß es nicht so sein, daß Menschen unsere Liebe, unser Interesse oder unsere Abneigung erst erwecken. Wir sind häufig unsererseits schon in einem inneren Erregungszustand, der gleichsam auf ein äußeres Objekt wartet und es dann rasch besetzt. Es ist uns aber auch die andere Form der Zuwendung bekannt, in der wir erst allmählich eine Neigung verspüren oder eine Abneigung, wobei diese Gefühle sich im Laufe der Zeit zu hoher Erregung steigern können. Dann haben wir das mehr oder weniger unwiderstehliche Bedürfnis, das libidinös besetzte Objekt zu »besitzen«, zu einer befriedigenden Handlungseinheit mit ihm zu gelangen. Im umgekehrten Fall möchten wir eine Streiteinheit herstellen, in der sich die aggressiven Gefühle am Objekt entladen dürfen. – Je unbesonnener bis besinnungsloser uns unsere Gefühlserregung gemacht hat, desto mehr bringt die Wucht, mit der sich aggressives Handeln vollzieht, die moralischen Hemmungen dem Objekt gegenüber zum Verstummen.
Der Triebbegriff ist ein Ordnungsmodell, das uns das Verständnis von Sequenzen des Verhaltens erleichtern soll. Der einzelne Trieb ist eine begriffliche Abstraktion, denn im Leben kommt Aggression ebensowenig wie Libido selbständig vor. Beide Triebqualitäten vermischen sich fortwährend, wobei, wie der bedeutende Beobachter des Menschen in seinem ersten Lebensjahr, René Spitz, es genannt hat, die Aggression als »Trägerwelle« für die sexuellen Bedürfnisse dient. Das Kind, das heftig nach Nahrung verlangt und dabei in einen Bewegungssturm gerät, erlebt bei der Sättigung sowohl

eine orale, auf den Mund und seine inneren Organe bezogene Lustbefriedigung, wie eine Beruhigung seiner Bewegungsunruhe, die der frühe Ausdruck aggressiver Erregung ist. Dies wäre ein Beispiel der Triebverschränkung.

Wenn wir die Begriffe der Sexualität und Aggression in Übereinstimmung mit der psychoanalytischen Theorie verwenden, dann gewinnen diese Begriffe eine historisch komplexe Bedeutung. Sie umfassen immer auch die Entwicklungsstufen des Triebgeschehens, die im Leben des Individuums durchlaufen werden. Sexualität bezeichnet alle lustvollen Erfahrungen, die sich in der Entwicklung des Menschen vom Säugling bis zum reifen Individuum als Bausteine seiner Sexualentwicklung erweisen. Ein Teil dieser Triebenergie läßt sich auch auf Ziele verwenden, welche nicht direkt eine sexuelle Befriedigung versprechen. Wir nennen es »Sublimierung«, wenn dieses Lusterlebnis sich mit der Vielzahl der in der Kultur entwickelten Tätigkeiten, Arbeiten verknüpfen läßt. Als Aggressivität gilt andererseits alles, was durch Aktivität – zunächst durch Muskelaktivität – eine innere Spannung aufzulösen sucht. Dabei kann sich das aggressiv-aktive Bedürfnis mit Zielen der Libido verknüpfen, dieser zum Erfolg helfen und dadurch befriedigend wirksam werden. Oder aber es gelingt eine solche Sozialisierung nicht und das Triebbedürfnis bahnt sich in einem mehr oder weniger rücksichtslosen Handeln des Individuums seinen Weg. Je psycho-physisch überlegener das Individuum sich dann seinem Partner gegenüber erweist, desto mehr wird die Streiteinheit zur Destruktion des aggressiv besetzten Objektes führen müssen.

Triebe sind also operative Bezeichnungen für Energieformen, wie sie uns aus anderen Bereichen der Naturforschung, wie etwa der Elektrizität oder des Magnetismus bekannt sind. Man versucht im Rahmen einer Theorie mit ihnen menschliches Verhalten zu erklären, in seinen Motiven zu verstehen und zu beeinflussen. Wir wissen, daß dies nur sehr unvollkommen gelingt, vor allem dort, wo sich Formen *kollektiver* Aggressionsbefriedigung herausgebildet haben. Es liegt nahe, die Beispiele dafür in der Gegenwart zu suchen, z. B. im Krieg in Vietnam. Die Kämpfenden auf beiden Seiten sind unseres Mitgefühls sicher, weil sie als Individuen in ein Geschehen geraten sind, in dem das Opfer von Leib und Leben von ihnen gefordert wird. Dabei bewundern wir den Mut des vietnamesischen Volkes, das in einem Kampf gegen Eindringlinge seine Selbständigkeit behalten will. Die Entschlossenheit der Vereinigten Staaten, den Widerstand dieses kleinen Volkes um jeden Preis zu brechen, ist rätselhaft, solange man nicht Zuflucht zu übervereinfachenden und deshalb trotz partieller Richtigkeit unzureichenden Erklärungsschablonen nimmt, wie der »unersättlichen Profitgier der Kapitalisten«. Dann bleibt es eine nicht gelöste Frage, wie es dahin kommen kann, daß ein Volk von der freiheitlichen Tradition der Vereinigten Staaten sich auf einen so ungleichen Kampf mit solcher Entschlossenheit versteift und vor keiner Gewalttat zurückschreckt. Wie konnte aber auch ein Volk wie das vietnamesische – und sehr ähnlich das Volk der beiden koreanischen Staaten – sich auf einen solch mörderischen Bruderkrieg einlassen, der zu einer Funktion im Machtkampf konkurrierender Großmächte geworden ist? Gibt es einen Wert – einen einzigen, von Menschen gesetzten Wert –, die

Selbstverteidigung in einem Krieg derart hartnäckig zu betreiben, daß Zehntausende sterben müssen, Hunderttausende verwundet oder obdachlos werden, daß ein Land alter und schöner Kultur mit ihren Zeugnissen in Rauch und Asche versinkt? »Lieber tot als Sklav'«: darf diese alte Devise unter den gegebenen waffentechnischen Verhältnissen die oberste Richtschnur im Verhalten eines Volkes bleiben? Man muß diese Fragen nur stellen, um zu sehen, daß zu ihrer Beantwortung eine sehr subtile Analyse des Begriffes »nationaler Ehre« gehören würde, daß man auf der anderen Seite ebenso Begriffe wie »Imperialismus«, »Kapitalismus« daraufhin untersuchen müßte, welche psychologischen Mechanismen – und zwar vom Individuum her kaum korrigierbaren seelischen Vorgänge – hier das Feld beherrschen.

Die Primitivpsychologie, die in solchen kriegerischen Verwicklungen als Erklärungsmodell immer angeboten wird: Habsucht, Heimtücke, etc., erklärt doch nur scheinbarerweise das tatsächliche Verhalten. Die Auffassung scheint vielmehr berechtigt, daß solche Übervereinfachungen wie »*der* Kapitalist« oder »*der* Kommunist« vordergründige Vorgänge der Selbsttäuschung sind. Die unbewußten Ichanteile sind dabei in die Dienste kategorisch nach Befriedigung verlangender Triebspannungen getreten. Unser Ich glaubt dann tatsächlich, was es unter weniger bedrängten Verhältnissen als halbe oder überhaupt keine Wahrheit erkannt und zurückgewiesen hätte

Mit einer derartigen Annahme kommen wir sogleich in ein schwieriges Feld der Verständigung, vor allem deshalb, weil hier offensichtlich eine Verhaltensregulierung auf zwei Ebenen geschieht, auf der individueller Bedürfnisse (im Sinne der Aktualität), und auf der Ebene von Gruppenanweisungen (in denen institutionalisierte, also langfristig wirksame Idealvorstellungen zum Zuge kommen). Die Institutionen zwingen das Individuum etwa in der Notlage eines Befreiungskrieges, seine Bedürfnisse, seine privaten Hoffnungen und Ziele weitgehend aufzugeben und den inhaltlich vom Kollektiv festgelegten Forderungen des Ideals unterzuordnen. Wie sehr diese Einwilligung von tödlichen Folgen bedroht ist, haben uns die Weltkriege und die Fokalkriege dieses Jahrhunderts gezeigt. Gäbe es nicht so etwas wie einen »Todestrieb« – jedenfalls in der menschlichen Spezies –, so wäre der Tod »auf dem Felde der Ehre« nicht erklärbar. Schon vor 130 Jahren schrieb der französische Politiker und Historiker Alexis de Tocqueville in seinem berühmten Buch »La démocratie en Amérique«, die Ehre sei »eine kuriose Konvention, die sich in der mittelalterlichen Feudalgesellschaft gebildet und in den europäischen Monarchien erstaunlich lange gehalten hat«[1]. »In der demokratischen Gesellschaft Amerikas aber«, so meinte er, »hat diese alte Religion keine Gläubigen mehr ... In einer Gesellschaft der Gleichheit und Gleichberechtigung ist für die Ehre kein Platz mehr. Es liegt ganz fern, nach ihr überhaupt zu fragen.« Die Regenerationskraft der »Ehre« hat sich aber als wesentlich stärker erwiesen. Es ist den das Bewußtsein des Individuums mitformenden gesellschaftlichen Vorgängen offenbar bis heute nicht gelungen, kritische Instanzen gegen den »Todestrieb«, gegen die

1 Vgl. Harald Weinrich, Die fast vergessene Ehre, in: Vom Geist der Zeit, Hessischer Rundfunk, 3. 12. 1967.

destruktiven Tendenzen, die sich in solchen Tugenden wie der Ehrenhaftigkeit verbergen, jedermann erkenntlich zu machen.

Aber seit Tocqueville ist ein neues Zeitalter angebrochen. Kriege erreichen nicht nur die kämpfenden Soldaten, sie erreichen mehr und mehr die menschliche Gesellschaft als ganze. Ist Heldenmut angesichts der Interessenkonflikte im Zeitalter der Nuklearwaffen und überhaupt einer hohen Perfektion von Tötungsmitteln noch eine adäquate, der Selbsterhaltung dienliche Reaktion? Das Eingeständnis, daß dies nicht mehr der Fall ist, hat zur Konsequenz, daß wir von alten Mutformen und der Tugend militärischer Opferbereitschaft, wie sie in den Gesellschaften durch die Jahrtausende kultiviert wurde, Abschied nehmen müssen. Man stirbt nicht mehr in der alten Streitgemeinschaft, in der immer auch ein Moment der Ritualisierung der Kampfprozeduren enthalten war; *man stirbt in Naturkatastrophen, die vom Menschen ausgelöst werden.* Das hat mit dem herkömmlichen Stil des Krieges nichts mehr zu tun. Zugleich beweist der vietnamesische Konflikt jedoch, daß unsere inneren Handlungsbereitschaften, unsere aus der Triebmitgift stammende Neigung zu aggressivem Verhalten nach wie vor weckbar ist. An den Triebbedürfnissen hat weder die Lebensform der Industriegesellschaft noch das massenhafte Dasein irgend etwas zu ändern vermocht. Nach wie vor regeneriert sich die aufgestachelte aggressive Energie rasch und über einen langen Zeitraum hin, ehe die Phase der Erschöpfung eintritt.

Mit der Hervorhebung dieser psychologischen Prozesse ist keineswegs bestritten, daß eine Fülle weiterer Determinanten kriegerische Verwicklungen erzeugt und begünstigt. Jeweils ist zu fragen, welche Privilegien auf dem Spiele stehen, welche aggressiven Entwicklungen in dem gegebenen Sozialsystem stattgefunden haben, welche Anfälligkeiten für paranoide Verkennung der Realität sich herausgebildet haben, z. B. unter dem Einfluß von Not, wie der großen Arbeitslosigkeit der dreißiger Jahre.

Wenn wir uns an die Ereignisse in der kurzen Spanne der Jahre 1942–1945 in unserem Land erinnern, an Stalingrad und Dresden, so können wir keinen Wert nennen, der Opfer dieser Größenordnung rechtfertigen würde, wie sie damals dargebracht wurden. »Blut und Boden«, »Herrenrasse«, »nationale Ehre« sind nicht eigentlich die zu verteidigenden Elemente, als die sie ausgegeben werden, sondern aggressionserweckende Symbole. Sie können nur dadurch zu zündenden Kampfparolen werden, daß der Streit für sie einen Abfuhrweg für lange unbefriedigt gebliebene Aggressionsbedürfnisse eröffnet. Unter dem dauernden Unlustgefühl, das sie verursachen, werden die Anlässe, die einen aggressiven Triebdurchbruch auslösen, immer nichtiger. Schließlich ist es die Fliege an der Wand, die unerträglich irritiert.

Ein Mann steht vor einem Postamt und will aus dem Automaten Marken entnehmen. Dieser behält sein Geld, ohne Gegenleistung. Der zur Hilfe gerufene Aufsichtsbeamte wartet beim Aufschließen gar nicht, bis er den Grund für die Störung gefunden hat, er ist gleich mit der Bemerkung bei der Hand: »Da war die deutsche Jugend am Werk!« Ist einmal diese reizbar angriffsbereite Stimmung gefestigt und weit verbreitet, dann verlaufen Konflikte zwischen den Interessen einzelner Individuen oder Gruppen der Gesellschaft leicht im Sinne der Selbstverstärkung des Affektes: jedes Wort, jeder Schritt führt tiefer in die Feindschaft, so daß jene Affektsteigerung zustande kommt, deren Auswirkung wir vor einem Vierteljahrhundert am eigenen Leib gespürt haben.

Das riesige Ausmaß der Verluste aller Kriegführenden in den beiden Weltkriegen beweist, daß Destruktivität nicht nur nach außen abfließt, sondern auch in hohem Maß gegen die eigene Person gerichtet sein kann. Der rücksichtslosen Verfolgung des Feindes entspricht die rücksichtslose Bereitschaft zu leiden. Obwohl für einen objektiven Beobachter nach dem Verstummen der Waffen des Zweiten Weltkrieges unsere Gier nach Fremd- und Selbstunterwerfung – hinter den dürftigen Rationalisierungen der nationalsozialistischen Ideologie – offen zutage trat, hat das die Einsicht in die Zusammenhänge, welche die Katastrophe herbeigebracht haben, kaum befördert. Regelmäßig hört man am Ende eines kriegerischen Konfliktes, so etwas dürfe sich nie wiederholen. Die kriegerischen Verwicklungen seither beweisen, daß das Opfer von 30 Millionen Menschen auf beiden Seiten des Zweiten Weltkrieges keine vorbeugende Wirkung auf andere Konfliktfelder und andere Konfliktgegenden ausgeübt hat. Alexis de Tocqueville würde sich erneut gewundert haben, wenn er dem Gespräch eines blutjungen amerikanischen Offiziers zugehört hätte, der darauf brannte, nach Vietnam versetzt zu werden. Während er in die Ferne starrte, oder seinen Gesprächspartner durchbohrend ansah, brach er immer wieder in die Worte aus: »Kill them all – schlagt sie alle tot.« Wenige Tage danach konnte man in einem Fernsehfilm der DDR das Gesicht eines gleich alten, finster dreinblickenden Piloten sehen, der sich für den Einsatz fertigmachte und dabei zu einem Reporter von seinem Haß auf die Imperialisten sprach[1]. Beide Männer wirkten besessen von einem Gefühl der Aggression, demgegenüber sie keine Selbstbesinnung ins Feld führen konnten. Gegner, die bereit sind, mich oder meine Kameraden zu töten, bilden zunächst einmal ein elementares Haßobjekt. Vielleicht gilt das auch für Imperialisten, die es im Einzelfall auszumachen gälte. So, wie diese beiden Männer mit ihren Feinden umgingen, werden sie nie herausbringen, daß ihre Haßgefühle die Kraft haben, Haßgefühle auf der Gegenseite zu wecken, so daß eine Kette von Haßausbrüchen sich bildet, in deren Fortsetzung die gerechte Sache immer mehr verblaßt. Sie waren blind vor Haß und unzugänglich für Argumente der kritischen Vernunft geworden. Statt dessen boten sie ein Gegenstück zu jenen hohen Verliebtheitsgraden, die gegen jede Warnung immun und unzugänglich sind und nur auf die Befriedigung brennender sexueller Erregung drängen. Wie mancher Antisemit, bevor er zum Pogrom oder zur »Endlösung« schritt, noch keine einzige persönliche Erfahrung mit einem Juden gemacht hatte, so auch dieser junge Flieger. Konnte er sich vorstellen, wie ein einzelner Mensch – nicht eine »Klasse« – aussehen, fühlen, denken, argumentieren, handeln müßte, um als »Imperialist« eingestuft und deshalb mit tödlichem Haß verfolgt zu werden? Der zur Ausrottung der Vietnamesen so entschlossene amerikanische Offizier hatte nie einen

1 ZDF, 3. 2. 1969, 19.45 Uhr.

Fuß auf deren Land gesetzt, wußte nichts von ihrer Kultur, Sprache oder Geschichte. Er schwätzte von »Freiheit« als Kriegsziel daher, von einer Freiheit, die keinerlei Verbindung mit dieser Geschichte hatte. Sie waren wahrhaftig nicht klar im Kopf, diese beiden Todesboten, aber es war aus ihren Gesichtszügen, ihrer Haltung zu erkennen, daß sie unter dem Diktat in ihnen lebendiger Gefühle lebten.

Von einem Extremfall darf man sprechen, weil bei ihnen die aggressiven Triebregungen jede nachdenkliche Überlegung zum Schweigen gebracht zu haben schienen. Beide waren deshalb aber keine »Sadisten«, keine Männer, die nur in der Verbindung mit Zufügung von Schmerz zu sexueller Lust fähig gewesen wären. Vielmehr war es bei ihnen zu einer weitgehenden Entmischung von Sexualität und Aggression gekommen, und sie lebten in einer geradezu mönchischen Ausschließlichkeit ihrem Destruktionsauftrag. Sie hätten es nicht gekonnt, wenn ihnen nicht ein inneres Triebbedürfnis entgegengekommen wäre, wenn nicht innere Bilder, Phantasien bereit gelegen hätten, die sie selbst auf die Kurzformel hassen und töten brachten. Das Wesen solch innerer Bilder, solcher Tagträume ist es, daß in ihnen Wunscherfüllung vorweggenommen wird. Beide waren so in diesen Phantasien gefangen, daß alle anderen Gefühlsbindungen dagegen verblaßten, alles, was sie liebevoll an ihre Welt sonst gebunden haben mag. Sie waren beide jung, der DDR-Flieger ein Schlosser, der US-Offizier ein Bauführer. Beide nahmen offensichtlich auch das Risiko bedenkenlos auf sich, selbst getötet zu werden. Der eine für das, was die Gegenseite »Ausbeutung und Imperialismus« nennt, der

Flieger der Deutschen Demokratischen Republik für das, was die Gegenseite als Streben nach der »Weltrevolution« bezeichnet.
Wir lernen also, daß Aggression, die in beiden Männern so heftig nach Alleinherrschaft in der Bestimmung ihres Verhaltens verlangte, den konträrsten Ideen und Parolen dienstbar sein kann. Aber es kommt etwas überaus Wichtiges hinzu: jede Seite denunziert bei der anderen die Aggression als etwas Bösartiges und Destruktives. Selbst kämpft man immer in Verteidigung des Guten, Überlegenen, im Dienste der Moral also.
Dieses traurige Schauspiel *unzivilisierter Gefühlsverwirrung*, dem man in der Geschichte gern die Qualität heroischer Leidenschaft zuerkannte, wiederholt sich seit Menschengedenken. Es ist ein archaischer urtümlicher Typus der Konfliktlösung. Der Konfliktinhalt ist letztlich immer wieder ein rivalisierender Anspruch auf Territorium. Und mit diesem Territorium verbunden Befriedigung der Selbst- und Arterhaltungstendenzen. Auch wenn der Streit nicht damit beginnt, so endet er regelmäßig mit einem Kampf um die Unabhängigkeit eines Gebietes, um seine politische oder staatliche Souveränität. Weil diese Art des Streitanlasses uralt ist, sprachen Konfliktforscher wie Erich Fromm[1] die Frage aus, ob der Mensch in der Lage sei, sein Schicksal zu meistern, denn er sei in »Neandertalermentalität« befangen. Da könnte sich aber ein Irrtum einschleichen. Zwar töten Menschen einander, seit Menschen ihrer Geschichte gedenken, aber ihre Naturgeschichte ist tiefer als die Erinnerung. Wenn wir uns in der Verwandtschaft der Menschen, unter den Anthropoiden umblik-

1 E. Fromm: May Man Prevail? New York (Doubleday) 1961.

ken, so sind die ihnen nächsten Verwandten, die Menschenaffen, besonders friedliche Vegetarier. Es sieht so aus, als wären die ur- und vorgeschichtlichen Menschen Sammler ähnlich friedlicher Art gewesen. Erst mit der Entwicklung des Besitzes beginnt jene Tragödie, die von der neidvoll rivalisierenden Aggression gespeist ist, die uns so vertraut ist, weil sie bis in die verborgensten Winkel unserer Sozialwelt eindringt. Vielleicht beziehen alle sozialistischen Gesellschaftsentwürfe aus dieser Hoffnung auf Befreiung von Neid und Ausbeutung, mit anderen Worten: von Rivalitätsaggression, ihre tiefste Attraktion.

Individuelle wie kollektive Aggression sind im Angriff auf ein fremdes Territorium enthalten, das von einem anderen oder anderen gehalten wird. Sie ist ebenso als Verteidigung bei dem weckbar, der angegriffen wird. Aggression dient dann dem Selbstschutz und dem Schutz der Ansprüche der eigenen Gruppe. Das Eigenterritorium hat die Qualität des Zufluchtsortes und wird deshalb in so vielen Variationen bis hin zur Abstraktion des sichernden Geldbesitzes verteidigt. Aggressives Rivalisieren überläßt die Entscheidung über den Besitz dem Gewandteren und Stärkeren. Das Schicksal des Schwächeren wird durch die gestuften Systeme der Rangordnung bis hin zur absoluten Ranglosigkeit bestimmt.

Da viele Lebewesen mit sehr gefährlichen Waffen zur Abwehr von Art*feinden* ausgestattet sind – dem Raubtiergebiß, dem gefährlichen Gehörn oder Geweih oder Hufen –, würde eine schrankenlose Anwendung dieser Waffen gegen den Art*genossen* zu einer unabsehbaren Schwächung der Art führen. Es haben sich deshalb psychische Hemmungsmechanismen herausgebildet, die den

Sieger und den Unterliegenden zu ganz bestimmtem Rollenverhalten zwingen. Was man in der jeweiligen Rolle zu tun hat, wird dem Individuum in seinen Genen übermittelt. Ein besonders einprägsames Beispiel sind die in der tierischen Verhaltensforschung untersuchten »Comment-Kämpfe«[1]. Man hat streng zu unterscheiden zwischen dem Beschädigungskampf, dem Beutekampf, und ritualisiertem Rivalitätskampf, der über die Rangordnung des Individuums innerhalb der Gruppe entscheidet. Bei letzterem wird man Zeuge der automatisch wirksam werdenden und als artspezifischer Verhaltensmechanismus überlieferten Tötungshemmung. »Derartige Hemmungen, dem Artgenossen Schaden anzutun, gibt es im Reich der höheren Wirbeltiere in unermeßlicher Zahl[2].« Zum Beispiel bestehen bei Tiermüttern Hemmungen, gegen ihre frisch geschlüpften Nestlinge oder Jungen aggressiv zu werden. Lorenz[3] beschreibt das Experiment seiner Mitarbeiter Wolfgang und Margret Schleidt, die eine Anzahl Puten durch Operation am inneren Ohr taub machten. Dabei stellte sich heraus, daß die Mütter ihren jung geschlüpften Küken gegenüber ungehemmt aggressiv waren und sie, wenn sie am Nestrand herumliefen, kurzerhand tothackten. Woraus Lorenz folgert, daß die Puten »angeborenermaßen nicht die geringste Information darüber haben, wie ihr Junges auszusehen hat«. Das ungestörte mütterliche Verhalten, das so aggressiv gegen alles vorgeht, was für das Jungtier gefährlich werden könnte,

1 Vgl. z. B. die Comment-Kämpfe der Damhirsche in dem Film von Horst Sievert; auch Konrad Lorenz, »Das sogenannte Böse«, Wien 1963, 171.

2 Lorenz, ib. S. 172.

3 Lorenz, ib. S. 173 ff.

würde sich also gegen dieses Jungtier auch selbst richten, wenn hier nicht z. B. durch akustische Verständigung, durch das Verlassenheitsweinen der Küken eine Aggressionshemmung ausgelöst würde. »Daß Tiermütter brutpflegender Arten ihren Jungen nichts zuleide tun, ist also keineswegs ein selbstverständliches Naturgesetz, sondern muß in jedem Einzelfall durch eine besondere Hemmung ... gesichert werden[1].«

Wir brauchen uns nur an die gar nicht so seltenen Menschenmütter zu erinnern, die ihre Kinder zu Tode prügeln oder in einer Notlage töten, um zu sehen, daß bei der menschlichen Art die Tötungshemmung auch in so zentral wichtigen Funktionen wie der Mutter–Kind-Beziehung sich als störbar erweist. Freilich vermerkt Konrad Lorenz, daß es auch im Tierreich nicht selten zur Tötung der Jungtiere durch die Mütter kommt, wenn ein außerordentliches Ereignis als Störfaktor auftritt. Hier sind wir dann mit unserem erlernten Moralkodex, der uns das Töten verbietet, doch noch flexibler und besser gesichert als andere Lebewesen.

Diese Extremfälle konnten uns auf die von innen heraus nicht mehr bremsbaren Entladungsvorgänge aggressiver Energie hinweisen. Diese Lähmung der normalerweise wirksamen Gegenkräfte gegen aggressiv-destruktives Verhalten äußern sich im Kollektiv unter Umständen noch heftiger als im Einzelindividuum. Wieder müssen wir die Doppelrichtung, in welcher sich Aggression entladen kann, in Rechnung setzen. Der Gehorsam, der mit der Tugend in Zusammenhang gebracht wird – der Tugend der Treue, Pflichterfüllung, Tapferkeit –, automatisiert gleichsam das Verhalten und läßt

1 Lorenz, ib. S. 178.

es weiterlaufen, wenn sich längst das Schicksal entschieden hat. Diese Ritualisierungen der Aggression in Tugenden zwingt uns aber auch, uns selbst unnachsichtig zu opfern, wenn eine kühle Realitätseinschätzung die Zwecklosigkeit dieses Opfers längst klar machen könnte. Dieser Gehorsam bliebe uneinfühlbar, wenn wir nicht durch die Entdeckung Freuds davon wüßten, daß sich Aggression gegen das eigene Selbst zu richten vermag. Erinnern wir uns z. B. an die Schlacht bei Stalingrad. Es breitete sich damals unter den eingekesselten deutschen Soldaten nicht Ungehorsam wie ein Lauffeuer aus, sondern das entsetzlichste Sterben wurde ertragen, dem kein objektiver Beobachter ein anderes Attribut als das der Sinnlosigkeit, der resignierenden Einwilligung in die Selbstdestruktion zuzuordnen vermag.
Was wird in solchen Situationen aus dem Einspracherecht des Ich? Diese seelische Instanz versteht es in normalen Zeiten mehr oder weniger geschickt, die Durchbrüche wilder Aggression und auch wilder Selbstdestruktion zu kontrollieren. Unter bestimmten Umständen wird aber die Realitätskritik des Ich ignoriert. Selbst Einsicht in die Hoffnungslosigkeit und Ausweglosigkeit einer Lage vermag uns nicht zu einer Änderung unseres Verhaltens zu veranlassen. Die Instanz des Ich scheint zu resignieren und zu schweigen. Sie fügt sich in eine Lage, die als aussichtslos eingeschätzt wird.
In Stalingrad hätte sich das Ausmaß der Katastrophe gewiß entscheidend mildern lassen, wenn die Individuen rechtzeitig informiert worden wären über den Verlauf der Operationen, und zweitens wenn sie über ihre Realitätseinsicht miteinander hätten sprechen können, und zwar nicht nur horizontal (auf der Ebene der

»Frontschweine«), sondern auch vertikal nach oben in der Befehlshierarchie. Wir wissen, daß die Androhung der Ächtung als Volksfeind und der standrechtlichen Verurteilung zum Tode diese korrigierenden Schritte zu verhindern wußte. In allen vergleichbaren Lagen der Vergangenheit ist es ebenso gewesen. Zweckmäßig lügnerische Information der Truppe und »eiserne Disziplin« sollen verhindern, daß der einzelne sich mit anderen einzelnen zu einer Gruppe von Gleichgesinnten zusammenfindet. Es ist leicht einzusehen, daß dies in der Tat eine effektive Kriegführung unmöglich machen würde, jedenfalls so lange, als über die Kriegsziele Uneinigkeit herrscht. Bisher hatte diese zur Folge, daß eine Befreiung des einzelnen zu selbständigem Urteil als unmöglich und dazu noch als schädlich erachtet wurde. Man muß also, will man destruktiver Aggression vorbauen, die kollektiv erweckt und von Eliten gelenkt wird, die Argumentation auf den Kopf stellen. Um eine Sache steht es schlecht, wenn die Bürger die entscheidenden Entschlüsse und Motive ihrer politischen Vertreter nicht zu wissen bekommen dürfen.

Da der destruktiven Aggression, soweit wir in die Zukunft schauen können, nicht zu entkommen ist und sein wird, kann jede Interessen-, Glaubens- oder jede nationale Gruppe Opfer eines auf Projektion beruhenden Überfalls durch andere in aggressiver Triebnot befindliche Gruppen werden. Solche virulent aggressiven Gruppen haben die Reflexionsfreiheit des Ich bei einer Vielzahl ihrer Mitglieder verloren. Diejenigen, die den »kühlen Kopf« bewahrt haben, sind in dauernder Gefahr, wegen ihrer abweichenden Beurteilung der Lage zu Opfern der eigenen Gruppe zu werden. Gegen eine solche Gefahr hilft kein »Palavern« im Sinne des logischen Argumentierens, kein »Gesundbeten«, also magisches Abwehren, wozu Ignorieren der Gefahr und ihre Verharmlosung gehören. Hier hilft nur entschlossene Abwehr. Selbst in sehr eindeutig strukturierten Konfliktlagen, wo sich die Friedensstörung auf einer Seite mit Händen greifen ließ, wurde auch die Abwehr fast immer autoritär organisiert, mit anderen Worten, der Bürger wurde genauso von militärischen Führern bevormundet, propagandistisch »eingewickelt«, von Informationen abgeschnitten, die zu wissen für ihn lebensnotwendig gewesen wäre. Das Argument dafür war, die Schlagkraft der Armee sei nur auf diese Weise zu gewährleisten. Das muß bestrittten werden. Autoritäre Führung ändert ihr Gesicht in dem Augenblick, in dem es nur mehr um den Vollzug der Sicherung der Gruppenexistenz geht, nicht aber um die Festlegung des Handlungszieles. Wenn eine Gruppe gemeinsam beschlossen hat, angesichts drohender Gefahr sich zu verteidigen, ist es selbstverständlich, daß die wirkungsvollste – unter Umständen auch autoritäre – Form dieser Verteidigung gesucht wird. Die Situation ist eine gänzlich andere, wenn über das Kriegsziel keine Einmütigkeit herrscht und wenn es sich als ein Kampfziel für eine privilegierte Gruppe erkennen läßt. Wer zur Verfolgung eines solchen Ziels sich gepreßt sieht, unterliegt einem autoritären Zwang ganz anderer Art.

Da die menschlichen Konflikte sowohl im Einzelleben wie im Gruppenleben selten eindeutig determiniert sind, ist noch ein Gesichtspunkt zu erwägen. Offenbar regt sich in uns sofort, wenn auf uns als einzelne oder Gruppe (»die Deutschen«) projiziert wird, eine von

Individuum zu Individuum und Gruppe zu Gruppe verschieden heftige Neigung zur Vergeltungsaggression. Ein gewisses Maß an frei flottierender aggressiver Aktionsbereitschaft besteht in jeder menschlichen Gesellschaft; es heftet sich gerne auf einen Gegner, der die Chance dazu bietet. Deshalb wird niemand also im Stand der Unschuld von der Aggression der anderen überrascht. Nun wird die Situation aber deshalb prekär, weil unser Ich sich tatsächlich gegen Aggression von außen und von innen zur Wehr setzen muß.
Die Konstruktion ist erlaubt, anzunehmen, daß autoritäre Lenkung im Kriegsfall um so überflüssiger wird, je deutlicher die Fähigkeit ist, auch die eigene Aggressionsneigung wahrzunehmen. Das Ich, das sich derart mit sich selbst verständigen kann, ist durch rationale Argumente ungleich lenkbarer als ein Ich, das via externer Autorität und interner Strafangst vor dem Über-Ich dirigiert wird.
An dieser Stelle ist eine übergeordnete Frage zulässig. Verbirgt sich hier noch einmal eine tiefere Motivation, die gleichermaßen den Befehlsgebern wie den Befehlsempfängern *unbewußt* bleibt? Wir haben es mit Verkennungen der politischen Realität zu tun: Alexander, Dschinghis-Khan, Napoleon, Hitler handelten aus einem Allmachtserlebnis. Nicht nur unter ihrer Herrschaft, schon unter »normalen« politischen Verhältnissen steht dem ein suggestiv sehr starkes Ohnmachtserlebnis bei den Massen gegenüber, das im Bild der alten Schlachtordnung des Söldnerheeres recht deutlich zu machen ist. In dieser Aufstellung rannte der Soldat gegen das Feuer der Gegner an, die Lanzen oder die Gewehre der eigenen Vorgesetzten im Rücken. Stehen

Allmachtsphantasie und Beutehoffnung im Dienste einer während der kriegerischen Aktion tief unbewußt bleibenden Destruktionsabsicht? Einer Destruktionsabsicht, die sowohl dem Gegner wie mir selbst gelten kann. Beim Verlierer darf sie nicht bewußt werden, sonst würde ihre geheime Wirksamkeit gefährdet. Der Unterlegene empfindet seine Verluste nicht triumphal (masochistisch); er wird sie vielmehr betrauern, beschämt oder verzweifelt über den Mißerfolg sein, vielleicht auch auf Rache sinnen. Beim Gewinner braucht die Zerstörungsabsicht nicht bewußt zu werden oder sie kann es ganz ungeniert, je nach der Ideologie, derer er sich bedient. Kämpft er für die »gute Sache«, ist er also moralisch gedeckt, wird die Zerstörungslust abgewehrt und nicht voll bewußtseinsfähig, nicht als starkes Motiv anerkannt; ist er ein moralisch unbehinderter Eroberer, ficht ihn das Elend, das seine Zerstörungslust bei den Opfern hinterläßt, wenig an; trotz aller Zerstörung kommt er reicher an Besitz zurück.
Sind also Achtlosigkeit für das Leiden anderer und das Leid im eigenen Lager, eigene Todesbereitschaft die psychischen Konstellationen, die sich eine unbewußte Triebkraft arrangiert, um zum Zuge, zur erlösenden Entspannung zu kommen? Liegt hier die psychische – vielmehr psycho-physische und physio-psychische – Begründung für die Unausrottbarkeit von Kriegen, überhaupt von zwischenmenschlicher Tortur aller Grade und Methoden? Auf diese Frage gibt es keine zureichende Antwort. Aber es gibt auch kein Argument, um sie als unsinnig abzulehnen. Unsere wissenschaftlich geprüften Beobachtungen reichen nicht aus; außerdem besitzen wir auch kein brauchbares Beziehungs-

gerüst, in das wir unsere Beobachtungsdaten eintragen könnten. Schließlich wissen wir noch nicht, welches offen beobachtbare Verhalten sich mit welchem anderen zu Recht, und nicht nur scheinbar, vergleichen läßt. Unsere Aussagen sind also unscharf, was angesichts der außerordentlichen Aussagenschärfe in vielen Gebieten der Naturforschung auffällig ist. Auch wenn wir die edle Absicht haben sollten, aggressives Verhalten an uns selbst zu beobachten, können wir offensichtlich genarrt werden, denn unbewußt wirksame Triebtendenzen verfügen über eine beachtliche Fähigkeit, sich unserer Aufmerksamkeit zu entziehen, uns als harmlos zu erscheinen, während anderen das gar nicht so vorkommt, und was ähnliche Täuschungen mehr sind.

Obgleich wir relativ viel über die Auswirkungen eines aggressiven Kommunikationsgeflechtes zwischen Eltern und Kind bis zum Beginn der Latenzzeit, d. h. bis zum Beginn des Schulalters in Erfahrung gebracht haben, wissen wir relativ wenig über die Auswirkungen späterer aggressiver Traumatisierung. Wir sind etwa nicht in der Lage, generell die Auswirkungen eines forcierten militärischen Trainings auf die Persönlichkeit dessen, der einem solchen Training unterworfen wird, zu beurteilen. Vor kurzem erschien der Bericht eines amerikanischen Fallschirmjägers aus dem Zweiten Weltkrieg über seine Ausbildung. Eine der angesehensten amerikanischen Zeitschriften, der »New Yorker«, nahm dazu Stellung: Der Autor »beschreibt das System, mit dessen Hilfe er an eigenes Leiden und an das Leiden anderer gewöhnt wurde, und wie er – ohne Beziehung auf irgendeine Ideologie – zu einer Mordmaschine gemacht wurde, die keine Fragen stellt. Er wurde im letzten

Weltkrieg in der Normandie abgesetzt: seine Schlachtschilderung ist der nackte Bericht von Entsetzen und organisiertem Irrsinn; dieser Bericht zwingt uns zu realisieren, daß man jeden jungen Mann dazu bringen kann, in dieser Art sich zu verhalten. Wenn seine Aufgabe, sein Job erledigt ist, geht er weg, ohne irgendwelche dauernden spirituellen oder emotionellen Narben davongetragen zu haben. Ein Gedanke, der einen frieren läßt«[1].

Bleibt tatsächlich keine seelische Narbe, also keine beunruhigende Erinnerung? Die Tatsache, daß jemand später zum guten Familienvater wird und mit der Lieferung von Holzkonstruktionen und Dachpappe seinen Lebensunterhalt verdient, wenn er vom Krieg nach Hause kehrt, wie im Falle dieses Berichterstatters, stellt noch keine positive Antwort dar. Auch kann es keineswegs als bewiesen gelten, daß diese im Doppelsinn mörderische Ausbildung – Menschen und Moral mordend – ohne Rückbezug auf eine Ideologie geschieht. Vielmehr machen alle Beteiligten den Eindruck, von einer Herrenrassen-Ideologie behext zu sein. Die These liegt nahe, daß heftige Schuldgefühle, die nicht bewußt werden dürfen, abgewehrt werden müssen. Dazu benötigt das Ich einen nicht geringen Aufwand an seelischer Energie. Wie geht dieser Antagonismus in die Charakterstruktur eines Menschen ein; welche Entwicklungen behindert er, welche (Fehl-)Anpassungen fordert er? Unbekannte Persönlichkeitsschicksale.

Je einleuchtender wir es vor uns selbst darstellen können, daß das Opfer unserer Aggression nichtswürdig ist, desto geringer das Energiemaß, welches der

1 The New Yorker.

Abwehrmechanismus benötigt. Ganz anders, sobald es gilt, destruktive Phantasien abzuwehren, die sich gegen Individuen richten, die wir nach der uns zugeschriebenen sozialen Rolle hoch zu achten, zu respektieren, gar zu idealisieren haben. Der Haß gegen die Trainer und überhaupt die Vorgesetzten, die dem erwähnten Fallschirmjäger solche Erniedrigung zu automatischem Gehorsam zumuteten, mußte also gegen das Bewußtwerden stärkstens gesichert sein. Gerade dieser Selbstschutz macht die derart dressierten Krieger in ihrem Schuldgefühl immun für die möglichst effektive Tötung ihrer Artgenossen. Zweierlei arbeitet Hand in Hand: erzwungene Regression zu völlig passivem Gehorsam – jeder Befehl wird befolgt – bei gleichzeitigem Abbau des Über-Ich, das ganz durch die Identifikation mit dem idealisierten »Superkiller« ersetzt wird. Trotzdem bleibt für uns die Prognose schwierig, ob diese Regression in eine totale moralische Abhängigkeit (der sexuellen Hörigkeit durchaus vergleichbar) das Ich auf Zeit so weit anästhesiert, daß es später für alles, was an Untaten in diesen Lebensabschnitten geschehen ist, eine Erinnerungslücke behält; oder ob das sogenannte bürgerliche Wohlbefinden nur um den Preis der beschriebenen permanenten Abwehrmechanismen aufrechterhalten werden kann. Das würde sich sehr rasch bei der Untersuchung des Einzelfalles beantworten lassen, denn nur die sorgfältige Kenntnisnahme der seelischen Verfassung des Menschen vor und nach einer derartigen Erziehung zur schonungslosen Vernichtung des Gegners könnte uns den gesuchten Aufschluß bringen. Diese Einsicht erreichen wir aber nur durch Zufall. Die meisten dieser Ausbilder und Ausgebildeten fühlen in sich keine Motivation für Reflexion ihres Programms bzw. der inneren Vorgänge, während sie lernten, die Tötungshemmung zu überwinden. Das Ganze lebt im Gegenteil von der Unbedingtheit des Auftrags, den man von der Nation erhielt, ihren Feind zu vernichten. Reflexion, die sich auf anderes als die Erfindung einer möglichst rücksichtslosen Kampftechnik richtet, kann nur von Schaden sein. Zudem sind auch die Schuldgefühle wenig stimuliert, weil der Einsatz, der vom eigenen Selbst gefordert wurde, ebenso schonungslos hart war.

Unser Beispiel ist ein extremes, aber deshalb noch keineswegs ein seltenes. Es zeigt uns deutlich die Wichtigkeit der Triebfusion. Wo diese Verschmelzung von aggressiven mit liebevollen Bedürfnissen gelingt und wo sie in der Erziehung gefestigt wird, vermag sich das Ich leichter gegen die Verführungstaktiken der von keinem Anhauch der Liebe gemilderten Aggression zur Wehr zu setzen. Statt dessen wird in solchen Fällen die Aggression libidinisiert: die Destruktionslust tritt an die Stelle jener Lust, die nur durch die Unversehrtheit des Objekts, durch seine Hochschätzung sich erfüllt. Wenig gemilderte Destruktionslust muß im Rahmen der gesamten Charakterstruktur zerstörerisch wirken, nicht nur draußen in der Welt. Liebe andererseits, die ohne die Hilfe aggressiver Schubkraft bliebe, würde ihre Ziele nie erreichen.

Dabei sind beide Triebqualitäten, libidinöse wie aggressive, der Verfeinerung fähig. In der Fähigkeit zur »Sublimierung« wird der Gegensatz zwischen tierischem und menschlichem Triebverhalten sehr bedeutsam. Tiere sind zum Erreichen der Endhandlung starr an Objekte gebunden, deren Bild ihnen fest programmiert in der Erbsubstanz übermittelt wird. Erst diese Merkmale, etwa das erwähnte Verlassenheitsweinen der Putenküken, können so etwas wie eine innerartliche Kommunikation herstellen. Der Mensch wächst in diesem Sinn viel weniger eingeschränkt auf; er kann die verschiedensten Objekte finden, die er mit aggressivem oder libidinösem Interesse besetzt halten kann, und er kann sich neue Objekte dieses Interesses erfinden. Er kann Instrumente aller Art oder Forschungstechniken entwickeln, Kunstwerke schöpfen, Verwaltungsapparaturen ersinnen und Strategien. All das kann zu befriedigenden Objekten für ihn werden, solange sein Handeln ausreichend libidinös gespeist wird. Ist er in seiner Triebentwicklung sehr behindert, vor allem durch eine generelle Triebfeindlichkeit seines sozialen Umfeldes, wird also seine Aggression gleichlaufend mit seinen sexuellen Interessen durch soziale Schranken eingeengt, so sind es die destruktiven Tendenzen, die am unabweisbarsten werden; auch der Weg zur Selbstzerstörung steht dann offen.

Die Freiheit zur Objektwahl kann wieder aufgehoben werden durch frühe Fixierungen, durch Regressionen zu den Frühobjekten der Kindheit. Mit dem Eintritt in das Schulalter muß das Kind schmerzliche Verzichte leisten; es muß sich ein Stück weit von den ersten Objekten des Lebens, den Eltern, trennen, um Lehrern und Kameraden Interesse entgegenbringen zu können. Es muß auch viele seiner Spielobjekte aufgeben, jene erprobten Garanten einer lustbringenden Zuwendung zur Welt außerhalb seiner selbst. Es soll diese Objekte nun fahrenlassen und vertauschen gegen andere und gegen

Techniken, die es noch nicht beherrscht, die ihm unter Umständen noch nichts sagen und für die es sich zunächst auch nicht interessiert. Wenn es gutgeht, trägt die seelische Entwicklung zu neuen libidinösen Objekten, wird Interesse an die neu aufgetauchten, bisher unbekannten, belebten und unbelebten Objekten gebunden. Ihr Erwerb und der Erwerb von Techniken, sie zu erlangen, muß lockend sein, um die Unlust des Abschieds und des Lernenmüssens zu überwiegen. Ohne diese Abschiede und diese Einbindung menschlicher Aggressivität in konstruktive Handlungszusammenhänge hätte sich die typisch menschliche Werkzeugkultur nie entwickeln lassen.

Es sind also drei Prozesse, die wir zugleich verfolgen müssen, wenn wir das triebgespeiste Verhalten des Menschen verstehen wollen. Erstens: Triebe erscheinen nur in Extremsituationen als »reine«; sie gehen fortwährend Legierungen ein, Fusionen. Auf die Eigentümlichkeit der jeweiligen Verbindung von aggressiver und libidinöser Triebenergie kommt es an. Kleine Verschiebungen in der Beimengung der einen oder anderen Triebqualität können sehr große Wirkungen im Verhalten zeitigen. Zweitens: die feste Verbindung zwischen Triebverlangen und einem erbgenetisch festgelegten Triebobjekt ist beim Menschen gelockert, zuweilen gänzlich aufgehoben. Statt dessen hat er – dies der dritte Gesichtspunkt – die Fähigkeit, Objekte seiner Triebbedürfnisse wählen und wieder loslassen zu können.

Man darf aber die Sublimierungsfähigkeit nicht überschätzen. Natürlich macht es uns schließlich Spaß, wenn wir zu lesen gelernt haben oder eine Körpertechnik,

z. B. das Skifahren, beherrschen. Das Triebziel Entspannung wird hier nicht in einem Rivalitätskampf unmittelbar vitaler Art, sondern immer noch mit einem Element des Spielerischen erreicht. Das sind die Glücksmomente des Lebens.

So vielfältig und bunt die Konfliktsituationen, in denen wir uns immer wieder vorfinden, sein mögen, wir sollten uns in ihnen immer wieder darauf besinnen können, aus welcher Triebmischung sie hervorgegangen sind; dabei tun wir gut daran, diese Frage zuerst einmal an uns selbst zu richten, uns selbst zu befragen, ehe wir unseren Gegenspieler beurteilen. Je mehr sie sich uns im Lichte eines absolut sicheren Wissens präsentieren, desto größer ist die Gefahr, daß wir Vorurteilen erlegen sind. Von ihnen ist es meist nicht weit zur drängenden Destruktion.

Aggression und Anpassung

I

1. Die Überschichtung der Anpassungsforderungen

Bis weit über die Epoche der Aufklärung hinaus zählte Gedankenfreiheit – besonders im Hinblick auf den herrschenden religiösen Konformismus – zu jenen Forderungen, zu denen die Vortrupps der Gesellschaft standen. In der breiten Masse der Bevölkerung überdauerte die aus dem Mittelalter überlieferte Tradition, die im Alltag einen tief verästelten Zwang auf Glauben und Gesittung ausübte. Als dann in einer unabsehbaren Reihe von Erfindungen und Entdeckungen sich die Produktionsverhältnisse wandelten und die Entwicklung der technisch-industriellen Produktionsmöglichkeiten einsetzte, begann das Wachstum der Städte. Für viele Menschen stellte sich damit eine Anpassungsaufgabe, der sie nicht gewachsen waren. Rohe Ausbeutung griff um sich, faktisch ungehemmt durch den moralischen Einspruch der Kirchen; im Gegenteil, ihre psychologischen Rationalisierungen zum Beispiel der Kinderarbeit und des Sklavenhandels arbeiteten Hand in Hand mit den Interessen derer, die Macht und Ausbeutung praktizierten. In diesen neuen Härten lag begründet, was später die romantische Kulturkritik in »Entwurzelung« umfabulierte; es blieb dabei freilich unklar, wer die Wurzeln ausgerissen hatte.

Noch immer, wie etwa in der Entscheidung des Papstes zur Frage der Geburtenkontrolle im Jahre 1968 *(Humanae vitae)*, zeigt sich dieser umzingelnde Griff

der Kirchen, mit dem sie Glaubensmacht durchzusetzen und zu institutionalisieren suchen. Bei den Gläubigen entsteht dabei ein vielfach homogenes Verhalten auf einem einheitlichen Untergrund von unduldsamer, aggressiver Gereiztheit. Es kommt leicht zu feindseliger Haltung gegenüber Gruppen anderer Observanz – eine Folge der Unfreiheit der persönlichen Entscheidung und der allgemeinen Gehorsamslast.
Im Zusammenhang mit der neuen technisch-industriellen Umwelt sind wesentlich neue Anpassungsforderungen aufgetaucht; alte werden neu formuliert, manche von ihnen dauern jedoch gänzlich unverändert wie rätselhafte Rituale fort. Neu ist der Adaptationszwang, der vom technischen Fortschritt und der Vermehrung der Lebenden wie auch von ihrer erhöhten Lebenserwartung ausgeht. Neu im ungemildert brutalen Sinn des Anfangs, alt in der Phantasie überzeitlicher Macht ist der Glaubensterror in »erwachenden«, d. h. zur Industrialisierung und zum Aufgeben überkommener Lebensformen gezwungenen Kontinenten und Subkontinenten. Von der großen Leistung der Aufklärung, die zweimal, im Hellenismus und im 18. Jahrhundert, das europäische Geschichtsbewußtsein bestimmt hat, ist bei diesen neuen Ethnozentrismen nichts zu spüren.
Es hat dem europäischen Bewußtsein eine besondere Fülle und Struktur gegeben, daß es den Zweifel und das Unbehagen an allen zwischenmenschlichen Einrichtungen kennengelernt hat. Die Aggressivität der *natura humana* freilich ist durch diese Erfahrung nicht verringert, kaum gemildert worden. Das bedeutet psychologisch, daß Reflexion, etwa auf eigene Roheit, und rationales Vorausplanen idealen Verhaltens das wirk-

liche Geschehen, das wirkliche Verhalten in kritischen Situationen, in welchen Reflexion leicht (z. B. unter dem Druck der Angst) verlorengeht, nicht ohne weiteres zu beeinflussen vermögen. Zu den unbestrittenen Errungenschaften der Aufklärung gehört aber, daß das Fremde in ihr nicht mehr automatisch als feindlich erlebt werden mußte. Andererseits muß es unsere Aufmerksamkeit erwecken, daß beide Male, in der Antike wie in der Epoche des Toleranzgedankens, das selbstbewußte Ich, das in seiner eigenen Gesellschaft so viel Einfühlung zeigte, sich neue Weltgegenden unterworfen hat. Beide Male blieb keines der betroffenen Völker vom imperialen Zugriff innerlich unberührt. Regelhaft folgten auf die Einordnung in ein Großreich mit überlegener technischer und organisatorischer Entwicklung Steigerungen des nationalen Selbstgefühls. Hinzu kommt, daß Toleranz und Einfühlung fast ausschließlich Individuen der eigenen Klasse, des eigenen Standes gegenüber geübt wurden und daß Bauern und später das industrielle Proletariat hiervon ausgenommen blieben. Was heute an Aggression in den bisher nur oberflächlich vom europäischen technischen Denken beeinflußten Welträumen sichtbar wird, ist *auch* das Ergebnis einer beginnenden Infektion mit europäisch-aggressivem Denken und Handeln, das sich nicht selten zu den autochthonen Motiven für destruktives Verhalten hinzuaddiert. Wie immer in geschichtlichen Prozessen ist es so gut wie unmöglich, Reiz und Reaktion, Verstärkung und *feed-back* klar auseinanderzuhalten. In beständiger Wiederholung scheint jedoch beim Auseinanderbrechen traditioneller Lebensgefüge die ganze Summe der Agressivität fühlbar zu werden, die bis dahin in differenzierten sozialen Beziehungen kanalisiert und zuweilen auch neutralisiert war; jedenfalls war sie sanktioniert und wurde ertragen. Im Umbruch der Anpassung an neue Bedingungen scheint Aggressivität nun bei weitem das Maß dessen zu übersteigen, was auf vernünftige Weise und befriedigend tatsächlich sozialisiert werden kann. Es fehlen der Gesellschaft die Vorerfahrungen für die so tiefgreifende Anpassungsforderung.

Alle Gesellschaften weisen einen mehr oder weniger beträchtlichen *Aggressionsüberschuß* auf, sowohl auf der Ebene des Gruppenverhaltens wie auf der des individuellen Lebens. Es scheint uns allerdings fraglich, ob dieser Aggressionsüberschuß mit dem in der neueren Anthropologie für die Menschennatur reklamierten »Antriebsüberschuß« gleichgesetzt werden darf. Aggressives Verhalten hat zwei Grundaspekte. Es ist einerseits, wie Karl Menninger es formulierte, Ausdruck einer primären Bedürfnisrichtung: »Das Wesen der Aggression ist das Zufügen von Verletzung oder wenigstens Schmerz«[1]; es ist andererseits rein reaktiv und stellt eine Antwort auf signalisierte Gefahr dar. Für das Selbst, das dabei sich bedroht sieht, ist es gleichgültig, ob diese Gefahr eine innere ist, also von Triebspannungen herrührt, oder eine, die von der äußeren Realität ausgeht. Innere aggressive Bedürfnisse, die das Individuum in einen schweren Konflikt mit der Gesellschaft und deren Moral zu verwickeln drohen, werden häufig paranoid verarbeitet, d. h. ein Abwehrmechanismus der Projektion setzt ein, mittels dessen sich das Erlebnis verändert. Was bisher eine dunkel verspürte

1 K. Menninger, *The Vital Balance*. New York 1963, S. 219; deutsche Ausgabe 1968.

Drohung war, erscheint plötzlich als ein Verhalten von Fremdgruppen, die damit automatisch zu aggressionsgeladenen Feinden werden. Diese paranoide Realitätsverkennung bringt in der Tat eine rasche Spannungsentlastung. Was bisher ungreifbar und in einem selbst war, ist nun greifbar, sichtbar und draußen in der Welt. Indes ist mit solcher Entlastung immer Realitätsverkennung verknüpft. Beobachtet man zum Beispiel, mit wieviel Sicherheit die sogenannten Primitiven mit wahrhaft primitiven Waffen und Ausrüstungen Realgefahren meistern, und wie es den bis an die Zähne bewaffneten technischen Kollektiven nicht gelingt, ihre wechselseitigen paranoiden Verkennungen zu kontrollieren, so wird einem der Unterschied zwischen dem, was notwendige Aggressivität zur Lebensbewältigung, und dem, was neurotische – unter Umständen kollektiv neurotische – Aggressionsprojektion ist, sogleich klar.

Wir haben Aggression als ein vitales Grundvermögen, als eine Triebausstattung zu verstehen, die in der sozialen Realität die vielfältigsten Umwandlungen erfährt. Hat sie sich einmal mit dem Abwehrmechanismus der Projektion liiert, so wird sie zur »Wunschbefriedigung mit Gewalt«[1]. Frustrierte Aggression nährt intensive Wünsche; diese jedoch sind von Sanktionen bedroht und müssen unerfüllt weiterhin ertragen werden. Aber gerade das scheint in der Breite der Einzelfälle nur durch Zwang, nicht durch Aufgeben des Wunsches erreicht zu werden.

In den Großräumen technischer Umwelt entsteht nun ein neues, bedrängendes Gefahrenmoment für das innere Gleichgewicht des einzelnen. Je undurchschaubarer

1 Franz Alexander, *Irrationale Kräfte unserer Zeit*, Stuttgart 1946.

seine soziale Außenwelt ist, desto leichter verwischt sie sich für das Individuum im Angsterlebnis, ob es sich um »Angst vor sich selbst«, vor den unbekannten Triebmächten in ihm, handelt oder um Angst vor einer durch »Projektion« entfremdeten Aggression, deren Dynamik man nun im Gegner mit paranoider Gewißheit kontrollieren zu können glaubt. Von den riesigen Apparaten der militärischen Rüstung ist nicht auszumachen, was primär und stärker ist: die eigene Aggressionsprojektion oder die Reaktion auf projizierte Fremdaggression. »Angst ist die Reaktion des Organismus auf Gefahr. Weil feindseliger Angriff die Gefahr der Vergeltung in sich schließt, ist die feindselige Haltung bereits mit der Angst gekoppelt. Diese Verflechtungen sind wechselseitig[1].«

Das Spannungsverhältnis, das so entsteht, ist von einem doppelten Mißtrauen genährt, einem relativ zugänglichen und einem weniger zugänglichen. Das Mißtrauen gegen die Gefahren und Gefährdungen der ständig im Umbau begriffenen Außenwelt ist im Erleben des einzelnen deutlich; es ist an die Ausbeutungsverhältnisse geknüpft, welche die Menschen aller Geschichtsperioden vorgefunden haben. Durch die ungewöhnliche neue Lage – den permanent sich beschleunigenden Fortschritt von Wissenschaft und Technik mit seinen Rückwirkungen auf das Sozialgefüge – wird dieses Mißtrauen zusätzlich herausgefordert. Das bedeutet: die Anpassungsaufgabe des Individuums ist kaum noch durch Initiationsriten an der Schwelle zur Erwachsenheit abschließbar. Anpassung wird zu einem Problem für alle Altersstufen, zumal in Lebensaltern, die in früheren Zivilisationen

1 Franz Alexander, Op. cit.

der Durchschnitt der Mitglieder einer Gesellschaft überhaupt nicht erreichte.
Für die gewöhnliche Selbstbesinnung fast nicht – oder jedenfalls höchst ungenügend – erfahrbar ist dagegen das Mißtrauen, das der einzelne sich selbst, seiner Triebnatur gegenüber hegt. Viele der frustrierten Bedürfnisse werden niemals – auch nicht in bescheidener Form – befriedigt; sie bleiben ein Leben lang als Tendenzen wirksam, denen man nur scheinbar abgeschworen hat, die aber in mannigfachen Versuchungssituationen die Kontrollmöglichkeit und Kontrollfähigkeit des Ich überrumpeln, so daß dieses Ich sich nur noch *a posteriori* und mit Scheinargumenten zu helfen weiß. Die Abwehrmechanismen der Verleugnung, Verkehrung ins Gegenteil, insbesondere der Projektion schaffen die Voraussetzungen hierfür. Diese den Kodex der Gesellschaft ignorierenden Neigungen oder Taten befördern im Betrachter den Wunsch, sie nachzuahmen, wo immer es ihm möglich scheint. Soweit das Ich aktionsfähig bleibt, wird es die Ausführung der Tat verhindern, aber wenigstens nach Teilbefriedigungen – wie sie etwa die Projektion verschafft – Ausschau halten. Die ambivalente Gefühlsspannung, die mit der ödipalen Konfliktsituation im Individuum entsteht, bleibt daher für die große Zahl der Menschen ein Leben lang unschwer weckbar. Steigert sich im Individuum das Gefühl, daß seine Verzichte im Grunde nichts bewirken, daß sie ihm keine tatsächliche Erleichterung seines sozialen Lebens bringen, so findet häufig eine Regression, eine sekundäre Besetzung des Selbst statt – also eine narzißtische Gefühlsverschiebung. Ein gut Teil der heute zu beobachtenden allgemeinen politischen Interesselosigkeit dürfte

mit diesem unbewußt vor sich gehenden Rückzug aus der Verantwortung im Zusammenhang stehen. Und die Forderung der Anpassung an eine sich unabsehbar verändernde Umwelt begünstigt ihrerseits die Abwendung von dem, was außerhalb des eigenen egoistischen Interessenbereiches in der Welt sich abspielt. In Wirklichkeit verschlingt diese Realitätsverleugnung jedoch viel Energie, die vor allem den libidinösen Objektbesetzungen entzogen wird. Das Unwissen verstärkt nun seinerseits das Unbehagen an der Realität und damit die Neigung zur Regression. Es handelt sich um einen *circulus vitiosus*, der vernünftige Anpassung behindert.

Sehr deutlich läßt sich das an der Aktualisierung der Minderheitenproblematik in zahlreichen zeitgenössischen Gesellschaften beobachten. Es besteht die Tendenz, Minoritäten, die eine gewisse unersetzliche Funktion in der Gesellschaft ausüben, in Gettos zu isolieren, d. h. auszustoßen, und sie zugleich zu einem für die innere Ökonomie der Mehrheit außerordentlich wichtigen Haßobjekt zu stempeln. Die Juden haben in der christlichen Welt lange diese Rolle gespielt, die Inder spielen sie heute in vielen afrikanischen Gesellschaften, die Neger in den USA. Zum Sündenbock stempeln heißt Anpassung unmöglich machen, gerade sie wird verboten. Der Jude, der Neger müssen bleiben, die sie sind; es herrscht der Zwang einer negativen Imago. In Wirklichkeit produziert dann das Getto tatsächlich deformierte Persönlichkeiten, »Opfer«, für die es nur aggressive Reaktionen – von wechselnder Sublimiertheit oder brutaler Direktheit – zur Erleichterung der Lage gibt. Und diese Reaktionen wiederum werden als Rassencharakter zur Aufrechterhaltung der negativen Imago schematisiert und verschärfen die paranoiden Ängste. So bilden sich schließlich Feindseligkeit und Mißtrauen, für die es keine Lösung mehr zu geben scheint, nachdem die Informationsbrücken einmal abgebrochen sind; Information über die äußere Realität wäre aber eine der Voraussetzungen jeder Anpassungsleistung. Das tatsächliche Verhalten und die wirkliche Einstellung werden jetzt von unbewußt vorbereiteten Phantasien gesteuert. »Die feindselige Haltung erzeugt Angst, die ihrerseits die Anpassungsfähigkeit lähmt und das Ich zwingt, sich auf frühere Anpassungsformen zurückzuziehen, die jetzt allerdings ihre Aufgabe nicht mehr erfüllen[1].« Dem Analytiker sind von seinen Kranken her die narzißtischen und aggressiven Züge der Kontaktunfähigkeit (Asozialität, Verwahrlosung, mangelnde Einfühlung) bekannt. Ihm ist die Angstabwehr im perfektionistischen Zwangsritual (Verwaltungszwang, Kontrollzwang) bekannt. Schließlich weiß er sowohl von ungezügelten Angstausbrüchen wie von Vergeltungsphantasien. Konnten sie sich erst einmal in einer Gesellschaft unter vielen Individuen verbreiten, so waren die Möglichkeiten für Massenmorde angelegt.

Niemand kann leugnen, daß Einschüchterung, also die Hemmung des Neugierverhaltens, zu den konstanten Erziehungselementen unserer Gesellschaft gehört. Damit wird aber nicht nur die faktische Informationsmöglichkeit beschnitten, sondern auch die Informationsbereitschaft selbst mehr oder weniger gelähmt. Konsequenterweise kann nunmehr nur eine Partialsozialisie-

1 Franz Alexander, Op. cit.

rung des Menschen erfolgen; denn was ich nicht kenne, daran vermag ich mich auch nicht gemäß dem Realitätsprinzip verstehend anzupassen. Primärprozeßhafte Triebrepräsentanzen bleiben in der Phantasie überstark mit beiden Triebkomponenten, der libidinösen und der aggressiven, besetzt. Massenhaft bahnen sich frustrierte Wünsche in realitätsverleugnender, soziale Kontakte zerstörender Weise den Weg. Für den Zeitgenossen, der zur Stellungnahme herausgefordert ist, bleibt – gemessen an seinem kritischen Vermögen – die Aufgabe oft unlösbar, den großen Wellen der Illegalität, der Usurpation, der bedenkenlosen Manipulation, der Tabuvernichtung und der zynischen Lancierung neuer Tabus anzumerken, wes Geistes Kind sie sind. Wo gehören sie lediglich in einen regressiv-illusionären und wo trotz ihrer revolutionärer oder zerstörerischer Tendenzen in einen progressiv-gestaltenden Zusammenhang der fortschreitenden Geschichte? In der Überschichtung der Anpassungsforderungen, die unser zeitgenössisches Schicksal ist, auf jeden Fall dort, wo wir uns nicht hinter geschickt vorgefertigten Vorurteilen und Glaubensgewißheiten verschanzen, erleben wir diese Ohnmacht deutlicher als alles andere. Weil uns aber nichts so erschreckt hat wie die feindseligen Gewaltakte, denen auch höchst entwickelte Intelligenzen sich dienend unterwarfen, und weil uns kaum etwas so mit Zweifeln erfüllt wie die Ideologien, denen wir begegnen und die gezeigt haben, daß sie Menschen zu hypnotisieren (d. h. in scheinbar kindliche Geborgenheit und Verantwortungsfreiheit zurückzuführen) vermögen, wollen wir hier zusammentragen, was wir an Vorstellungen über das Wesen der Aggressivität zu sehen und in seiner Bedeutung einzuschätzen imstande sind. Es geht darum, die Entwicklungsgesetze der Aggression mit jener Tätigkeit in Verbindung zu bringen, die uns, wo immer wir unter unseresgleichen leben, nicht erspart bleibt: der Anpassung. Wo stört Aggression die Anpassung; wo kann Aggression bestenfalls das verändern, woran wir tätig in der Anpassung teilhaben, den Kodex unserer Gesittung?

2. Zur Wesensbestimmung der Aggression

Die psychoanalytische Triebtheorie ist eine »von Anfang an« dualistische; die Neuformulierung in Freuds Alterswerk behält diese Trennung bei, faßt sie sogar noch »schärfer als zuvor, seitdem wir die Gegensätze nicht mehr Ich- und Sexualtriebe, sondern Lebens- und Todestriebe«[1] nennen.

In ihrer Darstellung *Notes on Aggression* hat Anna Freud[2] noch einmal die Trieblehre in ihren theoretischen Grundzügen zusammengefaßt. Die funktionelle Verschlungenheit der beiden Grundtriebe in den Anfängen der Individualentwicklung macht es jedoch schwer, hier Aggression von der prägenitalen Sexualität säuberlich zu trennen. Die Beobachtungen zeigten immer wieder, daß Aggression in den ersten Lebensjahren der Befriedigung der libidinösen Strebungen dient. Solange eine klare Abgrenzung des Ich von der Umwelt nicht existiert, und solange keine bewußt erlebte Identifizierung mit nächsten Beziehungspersonen (also eine

1 S. Freud, *Jenseits des Lustprinzips*, in: *Ges. Werke*, XIII, S. 57.
2 Anna Freud, *Notes on Aggression, Bulletin of the Menninger Clinic*, 13, 1949, und *The Yearbook of Psychoanalysis*, New York 1951.

Du-Erfahrung) besteht, ist die Aggression ungezügelt und rücksichtslos. Von den Bewegungskoordinationen zur Erlangung des Objektes her betrachtet ist sie *ungekonnt.*

Der erste große Aggressionskonflikt findet in der analsadistischen Phase statt; das Kind muß sich Korrekturen oft schmerzlicher Art von der Realität gefallen lassen. Der Begriff »anal-sadistisch« zeigt jedoch auch, daß die Beziehungspersonen die Aggressivität des Kindes meist allzu leicht als »böse« einzuschätzen bereit sind. Je ernster die »Angriffe« genommen werden und je untoleranter die Erwachsenen sie beantworten, desto nachhaltiger ist die einschüchternde Wirkung auf das Kind, desto gehemmter das freie Erfahrungsspiel eines expansiven Eindringens in die Umwelt. Als solcher bewußt, d. h. der Reflexion einigermaßen zugänglich, wird der Aggressionskonflikt erst in der Phase des Ödipuskonfliktes. Hier erscheint er in den schuldhaft verarbeiteten Todeswünschen gegen einen Elternteil: die Aggression ist nun ganz und gar auf ein Objekt gerichtet, und auch noch in der Phantasie wird sie als schuldhaft erlebt.

Bis zu dieser Entwicklungsstufe wird Aggression wegen der mangelnden Ich-Kontrolle in den spontanen Interaktionen zwischen Erwachsenem und Kind häufig als früh sich äußernder, also vererbter Charaktermangel mißverstanden. Die Art, wie kindliche Lebensäußerungen verstanden oder falsch gedeutet werden, hängt u. a. auch von den objektiven Umweltfaktoren ab. Je bevölkerter der Ort ist, an dem ein Kind aufwächst, desto geringer ist seine Aktionsfreiheit, desto stärker wird das Abklingen seiner Bewegungsunruhe als Zeichen der

»Gutartigkeit« und als vorbildlich interpretiert. Der kritische Beobachter aber muß genauer zwischen Aggression und *Aktivität* unterscheiden, wobei im Wortsinn das zerstörerische Zugreifen als Aggression *sensu strictuori* vom *Tun* zu trennen wäre. Die Aktivität ist sicher etwas Triebhaftes; der Organismus stellt Handlungsorgane bereit, die dem anfänglich diffusen Tätigkeitstrieb Ausdruck und Entspannung ermöglichen.

Es hat wenig Sinn, neue Grundbegriffe einzuführen. Will man also bei der Benennung der triebhaften *Tätigkeit* als Aggression bleiben, so sollte diese Begriffserweiterung deutlich markiert werden, wie es bei dem anderen Grundtrieb Sexualität auch geschehen ist. Unterscheidet man hier prägenitale von genitaler Sexualität, so sollte man dort mit ebenso deutlicher Abgrenzung die *ungekonnte* von der *gekonnten* Aggressivität abheben. Die letztere wäre die ziel- oder sachgerechte Aktivität. Die regressiven Akte zu der ersteren, die in der Ausdrucksphäre der Aggressivität ebenso wie in jener der Sexualität möglich sind, ließen sich dann als sach- und zielungerechte, undifferenzierte Handlungen begreifen – Handlungen, die einstmals befriedigende Entspannung brachten.

Nach der Konzipierung des Todestriebs hat Freud um so weniger Grund, den Begriff der Aggressivität aufzuheben, als dieser damit zum Repräsentanten der eingeborenen zerstörerischen Tendenzen geworden war. Es bleibt freilich unklar, auf welchem Weg die Lebenstriebe zum Ziel kommen sollen, wenn man ihnen nicht selbst eine triebhaft gespeiste Energie zu konstruktivem, zielgerechtem Handeln zuordnet. Eine derart scharfe Begriffstrennung ist aber für das Modell der Triebdynamik nicht notwendig. Denn in der täglichen Beobachtung kann weder Sexualität noch Aggressivität in reiner Form untersucht werden. »Die zwei Grundtriebe bilden vereinte Kräfte oder handeln gegeneinander, und gerade durch diese Kombination entstehen die Phänomene des Lebens.« Jedenfalls scheint festzustehen, »daß ohne die Beimengung von Aggression die sexuellen Antriebe unfähig zur Erreichung irgendeines ihrer Ziele bleiben«[1].

Es gibt also zwei Zielsetzungen: die Aggression einmal phänomenologisch und triebdynamisch verfeinert zu beschreiben, und zum andern die Frage aufzuwerfen, welche Triebkombinationen oder Reifungsvorgänge im physischen Apparat eintreten müssen, damit die differenziertere Ausdrucksform des Triebgeschehens die weniger differenzierte ablösen kann. Wenn Aggression der libidinösen Strebung beigemengt sein muß, damit diese ihr Ziel, die Entspannung, erreicht, so mildert umgekehrt der Zuschuß von Libido, wie dies Freud betont hat, die aggressiven Impulse. Das heißt: nur die doppelte Umfassung des Triebobjektes, aggressiv-aktiv und libidinös (im Sinne sexueller oder sublimierter Zuwendung), bringt die optimale, Aktion mit Einfühlung verschmelzende Spannung hervor, der eine das Ich und das Es befriedigende Entspannung folgen kann.

Umgekehrt bleiben für das Individuum die nicht zu verschmerzenden Hemmungen seiner frühen, ungezügelten und noch ungekonnten Aktivitätsäußerungen nicht ohne Rückwirkung auf seine libidinöse Triebreifung. Dem Kind, das gehindert wird, expansiv sich zu verhalten, wird gleichzeitig verwehrt, Realität zu te-

1 Anna Freud, Op. cit.

sten und in ihren Gesetzen zu erfahren. Mit jeder Objekteroberung wird ein Stück Welt für das Kind zur Wirklichkeit. So überwindet es seine primär-narzißtische Selbstbezogenheit. Bei dieser langsamen Entwicklung zur bewußten Auffassung einer Viel-Personen-Situation spielen Reaktionsbildungen in den Handlungspartnern eine wichtige Rolle. Da ist zunächst die übertriebene Abhängigkeit (mit ihrer unbewußt bleibenden Ambivalenz) beim Kind zu erwähnen. Sie ist das Anzeichen für Überidentifikation, für Über-Gehorsam, und wirkt damit auf motorische Einschüchterung zurück. Andererseits kann sich das krankhaft gesteigerte Streben der Eltern, das Kind durch vielfältige Verbote vor Gefahren zu schützen – was dessen expansives motorisches Bedürfnis qualvoll einschränkt –, in einer pathologischen Abwehr destruktiv-aggressiver Gefühle und Neigungen ausdrücken.
Blickt man über das Kindheitsschicksal der einzelnen, im Laufe dessen sich seine Verhaltensmuster prägen, hinweg auf den großen Gang der Geschichte, in dem in »ewiger Wiederkehr des Gleichen« libidinöse Strebungen von aggressiven durchkreuzt werden, in dem kollektive Ausbrüche der destruktiven Triebtendenzen alle Gegenwünsche und Gegenbesetzungen überwältigen, so scheint die Annahme eines primären Destruktionstriebes hinreichend gerechtfertigt. Hier erhebt sich allerdings die Frage, ob das Vorherrschen zerstörerischer Antriebe im Verhalten vieler Menschen, ihre Einübbarkeit in Haß z. B., mit der nur partiell schematisierten Instinktregulation in Zusammenhang steht. Der fortwährende Umbau der Umwelt nötigt zur Zerstörung alter Leistungen, um neuen Leistungen Raum

zu geben. Das macht klar, warum die Kontroverse, die unter den Psychoanalytikern seit Freuds Definition des Todestriebes stattfindet, nicht einfach pragmatisch (etwa durch genaueste Beobachtungen der ersten Triebregungen auf biologischem Niveau) zu schlichten ist.

Neben diesen offenbleibenden Grundfragen steht nun die sichere Erfahrung, daß ein flexibles Antworten, ein verstehendes Eingehen auf die Bedürfnisse des Kindes gerade in den allerersten Lebensabschnitten die gekonnte, auf verfeinerte Triebobjekte sich richtende Aktivität gegenüber der destruktiven Aggressivität in Führung zu bringen vermag – in der ungekonnten repräsentieren sich primärprozeßhafte Strebungen, die auf den Gegendruck der kulturellen Sozialordnung stoßen. Das Problem scheint uns unlösbar, ob das Akzeptieren der Wurzel der Aggressivität notwendig den Todestrieb mobilisiert; nicht zu unterschätzen ist indes die Chance, daß der Todestrieb in der Verschränkung mit libidinösen Objektbesetzungen gezwungen werden kann, dem Eros zu dienen, und daß eben darin – in der Entwicklung von »Daseinspraktiken« (Hans Thomä), welche diese Legierung fördern – die überindividuelle Kulturaufgabe besteht. Das bedeutet einmal, daß Beimengungen von Destruktion im Verhalten ertragbar sein müssen, ohne zu große Angst zu erwecken; zum zweiten, daß die unausweichliche Notwendigkeit, in der sozialisierenden Hilfestellung für das Kind – also in der Erziehung – frustrieren zu müssen, nicht einen unbemerkt bleibenden Anschluß an eigene, aggressiv-destruktive Tendenzen des Erwachsenen gewinnen darf. Die Frustrationen, die zur Realitätsanpassung gehören, müssen sachbezogen sein. Dazu ist anzumerken, daß niemandem dies zu allen Zeiten und gleich erfolgreich gelingt. Wohl fällt aber ins Gewicht, ob der störende Affekt als solcher vom Erwachsenen selbstkritisch wahrgenommen wird; erst diese innere Erfahrung bahnt dem Kind den Weg, durch Identifikation entsprechende Erfahrungen an sich selbst zu machen.

Diese beiden Verhaltensaspekte, die wir erst aufgrund der psychoanalytischen Einsicht in die Mannigfaltigkeit triebdynamischer Abläufe als *erlernte* (nicht nur als kategorisch geforderte) erkannten, zeigen die eigentliche, aktuelle Schwäche unserer kollektiven Verhaltensprägung. Wir sind weit von einer Ich-Stärke oder Bewußtseinsweite entfernt, die uns relativ angstfrei und destruktiven Triebansprüchen überlegen machen würde, so daß Anpassung, die wir sozial fordern müssen, einer Anpassung an »reife«, d. h. relativ vorurteilsfreie Lebensformen entspräche. Solange aber Anpassung vor allem darin besteht, Abwehrmechanismen gegen Triebregungen zu erlernen – und gerade dies als »Daseinspraktik« von den Erwachsenen vermittelt wird – und solange dadurch die Wahrnehmung von Triebregungen in der bewußten Erfahrung ausgespart wird, bleibt der ganze Anpassungsvorgang zweischneidig. Er führt zu Formen der Partialsozialisierung, bei welcher der nichtsozialisierte Hintergrund nicht etwa in einem natürlichen Urzustand, reines Es, bliebe, sondern vielmehr bestimmt ist durch die Verdrängung von deformierten, energiebesetzten Inhalten, die die Kommunikation des Es mit dem Ich blockieren.

Eine der entscheidenden Grenzen der Anpassung ist dort erreicht, wo der Kern primärer Triebbefriedigung in Frage gestellt wird. Eine beständige, gegen Frustrierungen wie Versuchungen widerstandsfähige Anpassung an den sozialen Kodex kann nur gelingen, wenn ein Kern primärer Triebrichtungen und -befriedigungen kulturell anerkannt ist. Das totale Abdrängen jeder sexuellen, naturhaften Äußerung, z. B. in Bereiche des Wertlosen, Wertwidrigen, »Niedrigen« – eine derart überspannte Sublimierungs- und Neutralisierungsforderung, wie sie etwa im Calvinismus und Puritanismus kulturbestimmend war, führt nicht nur zu einer lebenzerstörenden kollektiven Neurotisierung mit faktischer Doppelmoral, sondern auch zu einer ungezügelten (entmischten, libidinös ungebundenen) Aggressivität. Diese hat zwar die Dynamik des technischen Fortschritts beschleunigt, aber auch die Ideologie des »Besitzanspruchs« befördert. Und auf Triebentmischung geht wohl auch die grausame Indifferenz in den Beziehungen zu »unterentwickelten«, d. h. schwächeren Partnern zurück. Nachweisbare unerträgliche und pervertierte Frustrierungen und Einschüchterungen des Kindes als eines »schwächeren Partners« haben die ungekonnte destruktive Aggression in unserer »christlichen« Kultur allgegenwärtig gemacht. Aggression, die an das Es gebunden blieb, und Aggression, die im Über-Ich gegen das Selbst gerichtet ist, haben uns den Reichtum, den die technische Zivilisation schuf, kalt und höchstens manisch erleben, kaum aber genießen lassen.

Die Transformation von behinderter Aktivität in Aggression wird am Beispiel der Isolierung eines einzelnen oder einer Gruppe von einem breiteren Sozialkontakt sehr deutlich. Konrad Lorenz spricht von »Kumulation aggressiver Reaktionen«, wenn kleine Gruppen von »artgenössischer Umgebung [...], an der die gestauten Triebe hätten abreagiert werden können«, isoliert werden. Das ist z. B. an der Besatzung kleiner Schiffe zu beobachten, auf denen die »Polarkrankheit« ausbricht. In solchen Situationen, in denen »lächerliche Reize schließlich als zornerregend wirken«, war eine »gewaltige Schwellenerniedrigung der Verhaltensweisen des Wutausbruchs« erfolgt. Der zunehmenden Aufstauung der Triebenergie geht eine Schwellenerhöhung der Antriebsmeisterung offenbar nur bis zu einem bestimmten Punkt parallel, dann sinkt die letztere ruckartig ab. Psychodynamisch läuft dabei ein Regressionsvorgang ab. Aktivitätsbedürfnisse werden in der Frustrierungsphase immer stärker affektiv aufgeladen; je mehr sich der primäre Triebdrang an den Barrieren, die ihm entgegenstehen, entzündet, desto realitätsunwilliger (d. h. sublimierungs- oder neutralisierungsunfähiger) entlädt er sich schließlich. Sobald die Reizschwelle sinkt, überflutet ein primitiver affektiver Bewegungssturm die Kontrollinstanzen des Ich. Daß Isolierung von der artgemäßen Umwelt auch in der Tierwelt die Destruktionstendenzen »sinnlos« entbindet, zeigt Lorenz am gleichen Ort[1] am Verhalten eines isoliert gehaltenen Zichlidenpärchens: »Mangels der seine Familie bedrohenden und zu vertreibenden Artgenossen« greift das Männchen sein Weibchen an und tötet es. (»Besonders bei Geophagus ist diese Reaktionsweise typisch, man kann sie verhindern, indem man dem Männchen einen Spiegel ins Becken stellt, an dem es seine Aggression abreagieren kann.«)

1 K. Lorenz, *Ganzheit und Teil in der tierischen und menschlichen Gemeinschaft*, in: *Stud. Gen.* 3, 1950, S. 481; auch in: *Über tierisches und menschliches Verhalten*, Bd. II, S. 114 ff., München 1965.

Die Rolle der tolerablen Frustrierungen in der menschlichen Gesellschaft zu erkennen wird zur obersten Aufgabe zeitgenössischer Kultur- bzw. Sozialanalyse. Nicht jede schwere Versagung braucht zur Enthemmung der Aggression oder zu einer verhängnisvollen innerseelischen Auswirkung, z. B. zu Apathie, Resignation, Depression oder gar zu einer Psychose zu führen. Kollektiv sich demonstrierende Asozialität, das Verkümmern der Einfühlung, der Rückzug in sekundären Narzißmus – all das hat seine Grundlage überwiegend in der sozialen Konstellation, welche das Individuum vorfindet, und nicht in seiner psychischen Erbkonstitution. Die Einsicht in die Formen des nicht artspezifisch geregelten, sondern entwicklungsoffenen Sozialverhaltens hat den Mythos der Erblichkeit von Charakterstrukturen wenn auch nicht endgültig zerstört, so doch erheblich geschwächt. Die Aufmerksamkeit der Forscher hat sich, in Konsequenz der psychoanalytischen Funde, immer nachdrücklicher auf die Früherfahrungen in der Kindheit und ihre Folgen gerichtet.

Die Veränderungen der zivilisatorischen Umwelt im ganzen haben die Situation gewandelt, in die das Kind hineingeboren wird und in der seine ersten Lebensjahre verstreichen. Geburt im Krankenhaus, die Mutter ohne Rückhalt im Sippenzusammenhang und dessen Tradition, Beschränkung des Aktionsradius des Kleinkindes in der städtischen Wohnung, verringerte Anregung durch Beobachtung der außerhäuslichen Arbeitsvorgänge, häufige Ortswechsel, das weitgehende Unsichtbarwerden des Vaters[1] und mehr und mehr

1 Vgl. A. Mitscherlich, *Auf dem Weg zur vaterlosen Gesellschaft*, München 1963.

auch der Mutter, das Eindringen mechanischer Spielwaren in die Welt des Kindes – dieser gesamte Umbau der Erfahrung ist zu berücksichtigen, wenn von Frustration gesprochen wird. Denn es könnte sich erweisen, daß die affektive Anregung, die im ersten Lebensabschnitt heute immer ausschließlicher von der Mutter her erfolgt, die Zuwendung, die sie libidinös zu leisten, und die Art der Verbote, die sie zu setzen hat, die durchschnittliche Leistungsfähigkeit einer einzelnen Person übersteigt. Wenn alles auf die eine Beziehung Mutter-Kind ankommt, dann muß deren Versagen katastrophale Folgen zeitigen. Denn in der Umwelt sind keine adäquaten Ersatzfiguren vorhanden.

Es ist keine böse Absicht, wenn Mütter und Väter heute den Kindern nur mangelhafte Identifikationsmöglichkeiten bieten, vielmehr hängt dieser Mangel mit dem gesamtgesellschaftlichen Prozeß des Übergangs von einer technisch-revolutionären Veränderung der Umwelt in eine andere zusammen. Es ist daher ohne moralische Wertung gemeint, wenn wir feststellen, daß Erziehung häufig auf eine vom Kind als sinnlos erlebte Frustration hinausläuft, daß so etwas wie ein »frustration behavior« (Norman Maier) um sich greift. Eine Art Kaspar-Hauser-Situation entsteht; durch die mangelnde affektive Anregung und durch Einschüchterung (aufgeklärte Eltern stellen eine winzige Minorität dar) wird die Fixierung auf primär-narzißtische Triebbefriedigungen begünstigt. Affektstumpfheit, Lernhemmung, Rücksichtslosigkeit drücken das Insistieren auf sofortiger Triebbefriedigung aus; die Unfähigkeit, Triebaufschub zu ertragen, erzeugt ein unplastisches, zielloses Verhalten. Dieser Sachverhalt ist oft und nicht nur für unsere Zeit beschrieben worden. Seine Häufigkeit und progressive Vermehrung ist kaum zu bestreiten. Die Revision der ihm zugrunde liegenden Bedingungen wird freilich immer dringlicher. »Das einzige Mittel, die Funktionsstörung eines Systems zu beseitigen, liegt in der kausalen Analyse des Systems und der Störung« (K. Lorenz)[1]. Es mag sein, daß frühere Epochen Grausamkeit, Haß, Sadismus schamloser ausagiert haben; der Hinweis darauf ist erlaubt, wenn auf die Ausstattung des Menschen mit einem arteigentümlichen und formbaren Aggressionstrieb abgehoben wird, wenn die Permanenz dieser Formungsaufgabe unterstrichen werden soll. Nicht erlaubt ist der Hinweis jedoch, wenn damit der Humanisierung der Aggression als einem historischen Prozeß die Aussicht auf Erfolg bestritten wird.

Unleugbar wird hier die Grenze sichtbar, die der psychologischen Hilfe gezogen ist. Nicht wenige traumatisierende Faktoren liegen in den »Umständen«, die sich die Gesellschaften geschaffen haben. Die psychologische Analyse dieser Verhältnisse bringt – sehr langsam – eine Erweiterung des Bewußtseins mit sich, die es gestattet, das Prekäre der gesellschaftlichen Realität und der von ihr geforderten, oft intolerablen, Zumutungen zu erkennen; vielleicht sogar den falschen Zirkel von Reiz und Reaktion, von Versagungen und Enthemmungen, der auf diese Weise in Gang kommt. Die Apotheose des »integralen Menschen«, die keine Zeichen des Leidens mehr an ihm wahrhaben möchte, eines »well adjusted member of the society«, ist ein Wunschbild der Ideologie mit »objektiv verdeckender Funktion« (Theo-

1 Op. cit.

dor W. Adorno)[1]. Sieht man genauer zu, so entdeckt man, daß dieser friedliche, mit der Gesellschaft versöhnte Prototyp sowohl für die »freie« wie für die diktatorisch unterjochte Welt attraktiv ist. Einmal soll sich Triebverhalten in beschützter Freiheit von selbst den Realforderungen einfügen, das andere Mal soll der Mensch ein Wesen sein, das nichts anderes als eiserne Strenge zu seinem Glück braucht.

Bezogen auf die Gegenwart kann das nichts anderes heißen, als daß die Mobilisierung und Spezialisierung, die aus der Massenhaftigkeit und den Bedürfnissen der Industrialisierung sich ergeben haben, durch *seelische Konfektionierung* zu ergänzen seien, als müßten nur einige Frustrierungen gemildert werden, um ein praktikables Arbeits- oder Konsumindividuum heranzuzüchten, das leicht zu manipulieren und jederzeit »einsatzfähig« ist. Adorno sagt im Hinblick auf diesen »überwältigten« Menschen, er »verwechsele die zufällige Chance seiner seelischen Ökonomie mit dem objektiven Zustand«, »seine Integration wäre die falsche Versöhnung mit der unversöhnten Welt und sie liefe vermutlich auf Identifikation mit dem Aggressor hinaus[2]«. In allen Diktaturen, in denen immerhin der Ansatz zu einer kritisch sich fundierenden Denkopposition besteht, wurde bislang die Psychoanalyse verboten. Das kann nur bedeuten, daß sie als Mittel gegen verdeckende und das Bewußtsein verfälschende Manipulation gefürchtet wird. Die »integrale Persönlichkeit« mag es in Ausnahmefällen geben, als geplantes Wesen kann sie

1 Th. W. Adorno, *Zum Verhältnis von Soziologie und Psychologie*, in: *Sociologica I*, Frankfurt/M. 1955.
2 Op. cit.

nur eines sein, das sich selbst mit der Propaganda, die mit ihm gemacht wird, verwechselt. Für die gegenwärtige Gesellschaft wie für alle vorangegangenen gilt: je stärker der Zwang zum Konformismus ist, vorbezeichnete Teile der Realität zu leugnen, desto unausweichlicher ist Leiden, z. B. Isolierung als Ketzer, als Feind, mit der Aufhebung der Verdrängung verbunden. Dieser Zusammenhang spielt aber den Machthabern in die Hände, weil Menschen ohne eine überlegte Zielvorstellung schmerzliche Konfrontationen mit sich selbst vermeiden und in Ruhe mit falschem Bewußtsein weiterleben.

3. Spontaneität und Ambivalenz

Die Autoren Hartmann, Kris und Loewenstein unterscheiden an der Aggression den anpassenden (adaptive) und den organisierenden (organizing) Aspekt[1]. Auch Gordon W. Allport lehnt eine »monolithische Konzeption der Aggression« ab; der Begriff decke »mehrere unterschiedliche Arten der Tätigkeit, die aus mehreren unterschiedlichen Gründen ausgeübt werden«[2]. Andere Autoren wiederum versuchen, das Problem des Zusammenhangs von Tätigkeit und Zerstörung im Phänomen Aggression durch Einschränkung der Begriffsanwendung zu umgehen (so etwa J. P. Scott[3], der nur die unmittelbare Angriffshandlung als Aggression verstanden wis-

1 Hartmann, Kris und Loewenstein, *Notes on the Theory of Aggression,* in: *The Psychoanalytic Study of the Child,* Vol. III/IV, New York 1949.
2 G. W. Allport, *The Nature of Prejudice,* Cambridge 1954; vgl. besonders S. 354 ff.
3 J. P. Scott, *Aggression,* Chicago 1959.

sen will). Ähnlich formuliert Karl Menninger[1]: »Das Wesen der Aggression ist das Zufügen von Verletzung oder wenigstens Schmerz.« In vielen Studien ist überdies die Frage ausgespart, ob Aggression ein primäres Triebgeschehen ist, oder eine »Reaktion«. Zweifellos spielen bei der Beantwortung dieser Frage anthropologische Grundkonzepte eine Rolle. Allport z. B. ist der Auffassung, daß es sich bei der Aggression nicht, wie Freud eher meinte, um ein trieb-bedingtes Geschehen handele, vielmehr um eine »Fähigkeit«. »Sie ist ursprünglich eine Angelegenheit der Reaktion.« Wir können für unsere Zwecke diese Differenz der Auffassungen in ihrer Auswirkung auf metapsychologische Modelle außer acht lassen. Sie verweist aber auf ein Faktum, das in der modernen Psychologie zunehmend an Bedeutung gewinnt: die genauere Unterscheidung von inneren und äußeren Stimulierungen, aus denen ein bestimmtes Verhalten resultiert; die von innen, letztlich aus körperlichen Reizen hervorgehenden Verhaltensabläufe wären dann als die triebhaften, die von äußeren Reizen abhängigen als die »affektiven« zu verstehen. Robert Heiss[2] hat diesen Sachverhalt sehr prägnant formuliert: es sei nicht zu leugnen, »daß nicht nur ›Innenreize‹ körperlicher Art, sondern auch Außenreize einen triebhaften Vorgang in Gang bringen können. Alle Erfahrung lehrt, daß Lebewesen, die mit bestimmten Organen für die Aufnahme von Außenreizen versehen sind, auf diesem Weg in einen Zustand kommen, der seiner psychischen Dynamik nach triebhaft ist«. Und: »Im

1 K. Menninger, Op. cit.

2 Robert Heiss, *Allgemeine Tiefenpsychologie*, Bern 1956; vgl. besonders S. 258 ff.

Felde psychologischer Betrachtung und Forschung stoßen wir allenthalben auf das Zusammenwirken triebhafter und affektiver Komponenten.« Dieser Tatsache hat die Psychoanalyse mit ihrer Lehre von der Bedeutung des »Traumas« zwar von Anfang an Rechnung getragen; unsere Kenntnisse sind hier aber trotzdem alles andere als vollkommen.

Bei den auf Schlüsselreize spezialisierten Lebewesen ist es verhältnismäßig einfach, den Außenreiz zu bestimmen, der eine Triebhandlung auslöst. Beim Menschen, diesem »Spezialisten auf Nichtspezialisiertsein« (K. Lorenz), kompliziert sich die Lage außerordentlich. »Welcher affektive Reiz im gegebenen Fall den Triebmechanismus entsperrt und auslöst, wie weit ferner ein Triebmechanismus auf diesen oder jenen Reiz antwortet und für viele Außenreize offensteht, ist immer nur von Fall zu Fall zu entscheiden[1].« Das, was der künftigen Forschung noch zu tun bleibt, ist, die Brücke zu schlagen von der bloßen Kasuistik zur Einsicht in qualifizierte Reizgruppierungen mit allgemeiner, signifikanter Auslösungskraft. Hier ist besonders auf die Studien von René Spitz[2] über die Anbahnung der frühesten Objektbeziehungen und die Reaktionsformen hinzuweisen. Je größer das Umweltfeld und je reicher es an Inhalten wird, desto schwieriger ist naturgemäß die Einsicht in die spezifisch affekterregenden Außenreize, die sich in der Stimulierung oder Dämpfung von Triebverhalten auswirken. Schwere affektive Belastun-

1 Heiss, Op. cit.
2 R. A. Spitz, *Aggression: Its Role in the Establishment of Object Relations*, in: *Drives, Affects, Behavior*, hrsg. von R. M. Loewenstein; New York 1953. Ders., *Die Entstehung der ersten Objektbeziehungen*. Stuttgart 1960. Ders., *Vom Säugling zum Kleinkind*, Stuttgart 1967.

gen beeinflussen beide Grundtriebe; das gleiche gilt für die entlastenden Affekte. So schreibt Spitz: »Es ist die Beziehung zum Liebesobjekt, die dem Kind die Möglichkeit eröffnet, seine aggressive Triebhaftigkeit auf alle mögliche Weise zu entlasten, wie sie gerade durch das Verhalten dieses Liebesobjektes provoziert wird[1].«
Alle diese Überlegungen könnten dazu verleiten, das Wesen menschlichen Verhaltens als ein Gleichungsspiel zwischen Außen- und Leibreizen zu definieren. Die Möglichkeit *spontanen* Verhaltens bliebe dabei völlig unberücksichtigt. Spontaneität ist in jedem Falle auf triebhafte und affektive Reizung angewiesen. Ihre Eigenart besteht aber in der *Kombinationsfreiheit* der Antwort auf diese Reize, zu der auch die Freiheit der Entscheidung über die Sublimierungsrichtungen gehört. Da menschliches Verhalten, speziell das Sozialverhalten, nicht vorwiegend instinktreguliert ist, bleibt, im Unterschied zum tierischen Verhalten, immer ein mehr oder minder großer Rest disponibler Triebspannung, der sich als Antriebsüberschuß bezeichnen läßt. (Von ihm lebt z. B. die Neugier.) Spontaneität in der Herstellung affektiver Kontakte zu anderen Individuen wie zu Dingen wird um so ungehinderter im Verhalten sichtbar, je weniger das Individuum zur Anwendung rigider Abwehrmechanismen gegen die Wahrnehmung von Trieb- und Affektreizen in sich selbst gezwungen ist. Es geht also um die Alternative zwischen wachsender Spontaneität oder wachsender Rigidität. Je weniger Triebenergie dem Ich für die Zuwendung zu den Objekten bleibt, desto unflexibler wird das Verhalten sein.

1 Spitz, Op. cit.

Da Spontaneität auch in stabilisierte, z. B. durch Tabus gesicherte Sozialbereiche eingreifen kann, erfährt sie im allgemeinen eine höchst widersprüchliche Einschätzung. In den Sanktionsdrohungen gegen jede als unbefugt geltende Neugier zeigt sich häufig die lokale Willkür der sozialen Wertsetzungen. Insofern Psychoanalyse sich der Spontaneität der Einfälle bedient, kann sie nicht konformistisch schlechthin wirken. Der Umbau des Über-Ich von einer unbewußt wirkenden, zwanghaft verinnerlichten Exekutive sozialer Normen zu einer von Spontaneität, Realitätseinsicht und Realitätskritik geleiteten, entscheidungsfähigen Instanz, mit welcher das Ich sich verhandelnd auseinanderzusetzen vermag, ist – wie in jeder gelingenden psychoanalytischen Therapie – ein Vorgang der Aufklärung, dem die kollektiven Übereinkommen und die sozialen Wertbegriffe unterworfen werden. Es wäre aber töricht zu leugnen, daß es Tendenzen unter Psychoanalytikern gibt, die – wie Adorno sagt – auf eine Stärkung der Verdrängung zum Zwecke der Anpassung an die »unversöhnte Welt«[1] hinauslaufen. Anpassung um diesen Preis ist jedoch Stärkung der Intoleranz, Stärkung des Über-Ichs. Solche »Pflege des Über-Ichs schneidet willkürlich die psychoanalytische Aufklärung ab«[2].

Diese Überlegungen lassen sich an Freuds Vorstellung von Heilung exemplifizieren. Er schreibt in *Die endliche und die unendliche Analyse*[3], daß man sagen könne, »die Analyse habe mit ihrem Anspruch, sie heile Neurosen durch die Sicherung der Triebbeherrschung, in

1 Th. W. Adorno, Op. cit.
2 Th. W. Adorno, Op. cit.
3 S. Freud, *Ges. Werke*, XVI, S. 74.

der Theorie immer recht, in der Praxis nicht immer. Und zwar darum, weil es ihr nicht immer gelingt, die Grundlagen der Triebbeherrschung in genügendem Ausmaß zu sichern.« Freud hoffte, daß es gelingen würde, mehr und mehr von der inneren Triebrealität ohne vorzeitige Angstsignalisierung wahrnehmen zu können, damit sich ein elastischeres Gleichgewicht, eine die Schwingungen von Affekten und Triebbedürfnissen auffallende Homöostase zwischen Ich, Über-Ich und Es herstellt. Was er aber nicht in Frage zu stellen scheint – bei differenzierender Betrachtung tatsächlich aber doch tut – sind die Gebote der sozialen Außenwelt, auf die hin die Triebbeherrschung geleistet werden soll. Wie die Analyse vielfach gezeigt hat, ist mißlingende Triebbeherrschung oft auf die massive Verführung durch die Gesellschaft zurückzuführen, gerade solche Triebe ungezügelt zu nutzen, die in ihrem offiziellen Wertkodex gleichzeitig abgewertet sind. Solche Widersprüche sind im täglichen Leben überaus verbreitet, besonders dort, wo zwischenmenschliche Interessenkonflikte oder Konflikte zwischen Ich und Über-Ich oder Ich und Ideal-Ich auftauchen. Ihnen ist das Ich häufig nicht gewachsen; es zieht sich auf die konformistische Ausübung einer Rolle zurück. Hat man die Rolle erst einmal übernommen, so ist das Quälende des Widerspruchs kaum noch fühlbar. Die Rolle stellt Übereinstimmung her und sichert so jene Anspruchslosigkeit, die das Paradoxe mühelos ertragen läßt.

Die organpathologisch denkende naturwissenschaftliche Medizin hat die Bedeutung der Dynamik der Erlebnisverarbeitung unterschätzt. Die Psychoanalyse hat das wettgemacht. Doch auch sie sucht nach einem Verständnis der überall gegenwärtigen Interdependenz von 1. Trieb- und Affektmanipulierungen, welche die Gesellschaft dem Individuum oktroyiert, und 2. den Reifungs- oder Fixierungsprozessen, welche aus der individuellen Kranken- und Lebensgeschichte herrühren. Angesichts der Komplexität des Geschehens ist es sicher berechtigt, wenn Soziologen die vorschnellen Versuche zu einer Auflösung ihrer Aussagen in Sozialpsychologie abwehren. Das Gewicht der Institutionen der sozialen Welt, ihre Normen- und Rollenmuster, Vorurteilsorientierungen usw. zu unterschätzen hieße, ihren mächtigen Einfluß auf das individuelle Verhalten zu unterschlagen. Freud hat sich dieser Unterschätzung nie schuldig gemacht. In seiner oben zitierten Abhandlung fährt er fort: »Die entscheidende Tatsache ist nämlich, daß die Abwehrmechanismen gegen einstige Gefahren in der Kur als Widerstände gegen die Heilung wiederkehren.« Hier ist eindeutig von der Durchgängigkeit der Bedrohung des Individuums durch die Gesellschaft die Rede. Die Angst vor den »einstigen Gefahren«, die das erwachsene Individuum immer noch beherrscht, verdeckt nicht selten die größeren Gefahren der anstehenden Lebensphase. Allzu heroische Forderungen und allzu protektionistische Haltungen sind zu vermeiden; die Reichweite psychoanalytischer Möglichkeiten darf auch nicht überschätzt werden. Es ist zwar richtig, daß sie helfen kann, die in der frühen Kindheit durchlebten Todesdrohungen als Kinderschreck zu klassifizieren; aber sie kann das gleiche nicht mit jenen Schrecken tun, die von erfahrener Unmenschlichkeit als einem tolerierten Sozialverhalten herrühren. Es geht aber auch nicht an, diese Schrecken als »unvermeidlich« hinzustellen –

unvermeidlich wie z. B. die Krise der ödipalen Rivalität. Sie sind keine gottgewollten Prüfungen, auch wenn die Rede von der »unverbesserlichen« Natur des Menschen sie für solche ausgibt. Die Psychoanalyse war ausgezogen, das Fürchten vor dem Sexualtabu zu verlernen. Nun stößt sie auf die Aggressionstabus, deren Behandlung sich vielleicht als noch gefährlicher erweisen wird. Die »Widerstände gegen die Heilung« können nicht unabhängig von dem gesehen werden, was das Individuum in der Gesellschaft zu erwarten hat, sobald es »unwillig« wird. Adorno zitiert Mandevilles These, »daß die privaten Laster öffentliche Tugenden seien«, und wendet sie provokatorisch auf das Verhältnis von Psychologie und Gesellschaft an: »Das charakterologisch Fragwürdige vertritt vielfach das objektiv Bessere; nicht der normale, eher noch der resistenzfähige Spezialist ist Statthalter der Entfesselung[1].« Heilung impliziert also nicht nur Versöhnung mit der eigenen Geschichte, dem eigenen Wesen, sondern auch Wachsamkeit und Unversöhnlichkeit gegenüber den Verlokkungen durch »öffentliche Tugenden«. Die »einstigen Gefahren«, von denen Freud spricht, sind – was die Destruktionsbereitschaft betrifft – frühe Signalements der permanenten Bedrohung. Kein Wunder, daß hier oft allein die Regression eine Entlastung zu bringen scheint. Das Glück des David ist eine mythologische Warnung an die Hypertrophie, aber kein in die Erziehung oder Nacherziehung transponierbares Vorbild.

Nicht nur bei libidinösen, auch bei aggressiven Regungen bewirkt die Regression ein Verharren in ungelöster Ambivalenz, die keine Eindeutigkeit des Verhaltens

1 Th. W. Adorno, Op. cit.

zuläßt. Eindeutigkeit darf hier nicht zu primitiv verstanden werden. Gemeint ist Entschiedenheit, die nicht leicht durch kontrastierende Triebe und Affekte gebrochen werden kann. Ich-Identität im Sinne von E. H. Erikson[1] ist nämlich erst dann ein erreichbares Ziel, wenn der Zustand der »Nach-Ambivalenz« (K. Abraham)[2] erklommen ist. Da also die Ambivalenz gerade eines der Hindernisse einer in mancher Hinsicht »nonkonformistischen«, d. h. einer spontaneitäts- und aktivitätserfüllten, einer produktiven Anpassung ist, sei dazu noch eine kurze Anmerkung gemacht.

Ambivalenz vollzieht sich offenbar nicht nur als ein Pendeln zwischen gegensätzlichen Affekten, die gegensätzliche Triebhandlungen auslösen, oder in sublimierterer Form als ein Schwanken zwischen Zuwendung und Antipathie, sondern auch als eine *Tendenzverschiebung*. Zuwendung in Liebe (libidinöse Objektbesetzung) hat Triebentladung zum Ziel. Diese kann nicht vollkommen befriedigend erfolgen, ohne daß eine Resonanz erweckt wird bei dem, dem die Neigung gilt. Sobald die Stufe des Narzißmus überschritten ist, wirkt die *Antwort* integrierend für den Vorgang der Entspannung libidinöser Regung; sie erst garantiert die Konstanz befriedigender Objektbesetzung. Anders bei den negativen Affekten und der Art, wie sie Aggression im eigentlichen Sinn, also den Destruktionstrieb, entschlüsseln. In ihnen ist als Grundelement das Erlebnis der Ohnmacht und der Resonanzlosigkeit enthalten. Deshalb bleibt in ihnen – auch im Falle der faktischen

1 E. H. Erikson, *Das Problem der Identität,* in: *Psyche* X, 1956, S. 114 ff.
2 K. Abraham, *Versuch einer Entwicklungsgeschichte der Libido,* Wien 1924.

Macht über das Triebobjekt, also der Möglichkeit, es zu vernichten oder zu schädigen – das Enttäuschungserlebnis erhalten. Aus ihm heraus – also aus frustrierter libidinöser Erwartung – erwächst die Rache; gewiß teilen wir damit keine besondere Neuigkeit mit.
Mit dem Begriff der Tendenzverschiebung soll vor allem angedeutet werden, daß die libidinösen Strebungen Entspannung durch das Erwecken des Echos finden (jedenfalls gilt dies für das Individuum, das die narzißtischen Positionen als größere Konfliktquelle überwunden hat). Die libidinöse Strebung ist tendenzkonstant: sie will ihr Objekt erhalten. Die aggressiv-destruktive Strebung hingegen ist in sich tendenzvariabel; wird sie frustriert, so kann eine Regression in die destruktive Tendenz mit dem Ziel der Vergeltung stattfinden.
Die Tendenzverschiebung geschieht dadurch, daß die zurückgedrängten libidinösen Erwartungen Aggression mobilisieren, ohne daß diese mehr als ein Ersatzgefühl, eine Ersatzhandlung schaffte. Haß befriedigt nicht. Viele soziale Vorurteile sind Hilfsmittel solcher Tendenzverschiebung in aggressiver Erregung. Sie täuschen Einsicht vor; der negative Affekt kann sich quasi legitim an das verachtete Objekt heften. De facto bleibt aber im Vorurteil die Fremdheit bestehen. Und Fremdheit erzeugt, sobald sie durch die Enttäuschung, die man an ihr erlebt, Herausforderungscharakter annimmt, die Bereitschaft zur Regression; sie verkleinert die Reizschwelle. Zahllose Alltagserscheinungen bestätigen das. Wenn die Uhr streikt und die Einsicht in die Störungsursache fehlt, beginnt man, sie zu schütteln; wenn das Auto nicht anspringt, wird der Anlasser bis zur

Erschöpfung betätigt. Die Affekthandlung will zunächst das Eingeständnis der Einsichtslosigkeit, der Ohnmacht überdecken. Das gilt unverändert, wenn Menschen nicht so funktionieren, wie erwartet wurde; wenn die erhoffte Antwort ausblieb.

Die ambivalente Einstellung, die natürlich zu überschätzenden ebenso wie zu unterschätzenden Verkennungen führen kann, geht leicht in einen verschärften Zustand über, wenn die Fähigkeit, Versagungen zu ertragen, gering ist; sie wird aber auch durch die Reaktion der Objekte beeinflußt, denen sie gilt. Wird in der Liebe nicht auch die Aggression geduldet, so perseveriert die Ambivalenzhaltung; die aggressiven Tendenzen werden nicht erfahren und können deshalb auch nicht sublimiert oder neutralisiert werden; sie werden verdrängt und bleiben ich-fremd. Der Anpassungsvorgang muß, um zu gelingen, beide Partner (oder Akteure) umschließen, denn beide sind von ihm betroffen. Die Ambivalenz ist also nicht nur ein Hin und Her, sondern auch ein Vor und Zurück. Keiner libidinösen Objektbesetzung wird ein permanentes »Glück« zuteil, eine immer gleichbleibend harmonisierende Entlastung. Je vielfältiger die Beziehungen zwischen Menschen geknüpft sind, desto größer sind die Möglichkeiten, die Schwankungen des affektiven Kontaktes auszugleichen. Unzweifelhaft ist in dieser Hinsicht die Lage für den Menschen unserer Zivilisation außerordentlich schwierig. Die Spezialisierung erreicht nicht allein die Arbeitsgänge, auch die zwischenmenschlichen Bezüge sind spezialisiert und geprägt von Gefühls- und Erwartungsnormen, die vom Wunsch des einzelnen her häufig gar nicht mehr korrigierbar sind. Auch wer die Reduktion der Ehe auf eine Behausungs- und Sexualgemeinschaft als bedrückend empfindet, kann nicht seinen Arbeitsplatz ins Haus zurückverlegen. Das sind die fatalen Konsequenzen, die sowohl das ausgleichende Verschieben der Affektspannungen in andere gemeinsame Aktivitäten verhindern, wie auch prinzipiell die Anpassungsfreude lähmen und das Fortbestehen wechselseitiger Fremdheitsgefühle fördern. So wird eine ohnmächtige Affektspannung genährt, die das Hineinwachsen in tolerante Ambivalenzfreiheit hemmt. Die Anpassung wird oberflächlich funktional. Die Spezialisierung bedingt zwar eine sublimierende Zielverschiebung ursprünglicher Triebrichtungen, aber auf einem so begrenzten, mit dem übrigen aktiven Erleben unzusammenhängenden Feld, daß daneben infantile Haltungen unkultiviert fortdauern. Die Ambivalenz dieser zur Privatsphäre deklarierten, infantil bleibenden Seite der Persönlichkeit versuchen die Massenideologien für ihre Zwecke zu »verwalten«. Wenn die Psychoanalyse dazu beiträgt, daß die widerspruchslose Anpassung an diese Entwicklungstendenz verweigert wird, dann hat sie einen nicht zu verachtenden Beitrag zum künftigen »Schicksal der Menschheit« geleistet.

II

4. Akkommodation und Anpassung

Von Anpassung spricht man in der Biologie, der Physiologie, der Soziologie und Psychologie, also in jeweils ganz eigenständigen Forschungsbereichen, mit sehr unterschiedlichem Begriffsinhalt. Unser Thema ist die

Bestimmung der sozialen Anpassung, eines besonderen Verhältnisses von Individuum und Gesellschaft.
Anpassung ist nicht nur Unterwerfung – die neuere Soziologie ist sich dessen voll bewußt –, sie bewirkt nicht zuletzt Veränderungen im bestehenden Milieu. Auch das Individuum kann seine Umgebung zur Anpassung an seine Bedürfnisse zwingen. Ein Beispiel sind die lange sich hinziehenden Kämpfe der Arbeiterklasse um Anerkennung ihres sozialen Status und bessere Bezahlung[1]. Meist sieht man nur die eine Seite: eine durch die technische Zivilisation unstet gewordene Umwelt verlangt rasche, passive Anpassung im Sinne des »Arrangez-vous«, der *Akkommodation.* Das Auge des Menschen, die Muskeln akkommodieren sich den gegebenen Verhältnissen; so vermag sich auch die Lebensform, das Selbstverständnis des einzelnen zu akkommodieren. Nun wird aber der Mensch nicht nur sich neuen Umweltbedingungen akkommodieren, das heißt passiv anpassen; er *assimiliert* sie auch. Assimilation heißt Aufnehmen äußerer Energie in den eigenen Haushalt und ihre Nutzung. In unserem Zusammenhang ist damit gemeint, daß wir uns angebotene Verhaltensformen uns zu eigen machen. Diese mit Forderungscharakter uns angetragenen Verhaltensweisen treffen in uns auf ältere Äußerungsformen unserer Triebnatur. Die Assimilation zwingt uns also, mit unseren eigenen Kräften neu zu disponieren; äußere Realität wird in der Auseinandersetzung mit der inneren »verdaut«, verändert. *Aktive* Anpassung nennen wir das, weil wir die äußeren Objekte auch *uns* anpassen.

1 Siehe auch A. Mitscherlich, *Auf dem Weg zur vaterlosen Gesellschaft,* München 1967, z. B. S. 17 ff.

Alle Handlungen, die solche Anpassung intendieren oder bewerkstelligen, enthalten zweifellos Elemente von Aggressivität unterschiedlicher Stärke und Verschlüsselung.
Wir alle sind gelegentlich aggressiv, häufig im unrichtigen Moment. Die kurioseste Situation tritt ein, wenn wir aggressiv sind und es nicht bemerken. Wir wundern uns dann vielleicht über das Verhalten anderer, zum Beispiel, wenn sie uns aus dem Wege gehen. Ein Gespräch mit zwei Engländern kann das illustrieren. Es handelte sich um sehr typische Vertreter ihrer Sozialkultur, in der die Aggression gebrochen ist durch Selbstkontrolle und als Humor, Ironie – besonders als Selbstironie – erscheint. Mit Harold Nicolson zu reden: es waren Männer »artigen Benehmens« – gentlemen. Die Rede kam auf einen deutschen Gelehrten. Der eine Engländer erzählte von der Unterhaltung, die er mit ihm geführt hatte. Wieder einmal sei das Thema kollektiven Verhaltens aufgekommen; man sprach von der Aggressivität der Deutschen. Da begann der Gelehrte sich ins Zeug zu legen: »Und ich sage Ihnen, die Deutschen sind nicht aggressiv!« rief er und klopfte mit dem Finger auf die Tischplatte. »Ich saß im übernächsten Zimmer«, sagte der andere Engländer, »und dachte: ›What's the matter?‹, als ich jemanden sehr laut reden hörte.« Was war geschehen? Ein Partner lehnte eine Feststellung ab, die vorzubringen nicht ganz abwegig schien. Er war aufgebracht; er widerlegte nicht; er verteidigte mit Aplomb und machte die Sache aller zu der seinen, er nahm ein Kreuz auf sich; aber er litt nicht nur, er stritt, er stritt ab, und sein Verhalten widerlegte seine Argumente. Es war kein artiges Benehmen. Dazu würde, wie

unser Beispiel zeigt, ein hoher Grad reflektierter Selbstwahrnehmung – psychoanalytisch ausgedrückt: Ich-Stärke und Ich-Kontrolle – gehören, die emotionelle Erregung abzufangen versteht.

5. Zerstörung der Koexistenz

Nehmen wir an, meine eigene Aggression entspränge einer »inneren« Quelle, ich sei durch eine Bagatelle, »grundlos«, wie mein Bewußtsein mir sagt, gereizt gewesen und hätte mich bei einer anderen Kleinigkeit, die mich ärgerte, aggressiv gehenlassen. Mein Partner in diesem Auftritt wird durch mein Verhalten überrascht; er ist, wie man sagt, betroffen. Wenn die Intensität meiner Zumutung die Schwelle seiner Toleranz überschreitet, wird er durch mich in aggressive Stimmung versetzt, die vielleicht so anschwillt, daß er ebenfalls die Beherrschung verliert. Was wir Anpassung nennen, ist also ein wechselseitiger Vorgang. Durch Erziehung und durch Bräuche versuchen wir, Konfliktzonen der geschilderten Art zu umgehen oder aber Techniken zu erlernen, die uns helfen, aggressive Spannungen auszuhalten.

Diese Spannungen können – wie in Teil I dargestellt – aus mir selbst kommen, einer Triebspannung entspringen (die sich an einem mehr oder weniger zufälligen Außenreiz entzündet), oder durch das Verhalten anderer kann in mir ein Affekt erregt werden, der Anschluß an bestehende Triebspannungen in mir findet oder Triebenergien mobilisiert. Anpassung heißt Ermöglichung von Koexistenz dadurch, daß ich triebhaftes wie affektives Gestimmtsein abzufangen und dosiert, bearbeitet (wie im Humor) zu äußern vermag. Nehmen wir jetzt ein extremes Beispiel, in dem durch unangepaßte Aggression diese Koexistenz zerstört wurde. Es handelt sich um eine der erschreckend brutalen Mordtaten, die sich nicht selten in Großstädten mit ausgedehnten unterprivilegierten Zonen – in diesem Falle in New York – zutragen. Otto Zoff[1] berichtete: »Das Opfer war ein 15 Jahre alter Knabe, der einst Kinderlähmung gehabt hatte und sich nur mühsam fortbewegte. Ohne irgendeinen ersichtlichen Grund wurde er von einem Gang von Halbwüchsigen gejagt und totgestochen. Unter seinen Mördern war ein Junge, der, wie er der Polizei ohne weiteres erzählte, schon immer gerne gewußt hätte, wie das ist, ein Messer in menschliches Fleisch zu stoßen. Nachdem er sein Messer in des kranken Kindes Rücken so tief hineingestoßen hatte, daß es beinahe zur Brust wieder herauskam, sagte er: ›Danke vielmals‹!« Der sachliche Bericht, den der Mörder später von seiner Tat gab, scheint uns weniger ein Ausdruck seiner angeborenen »Gefühlskälte« als eines intensiven Abwehrvorganges zu sein. Man könnte sagen, sein Ich »verfremde« die Tat, gebe sich vor sich selbst, nicht nur vor den anderen, so, als sei es von ihr gar nicht betroffen.

Solche »grundlose« Brutalität scheint meist von relativ einfachen Tatsachen ausgelöst zu sein. Aggressive Herausforderung und aggressive Antwort schwingen allmählich aufeinander ein und verstärken sich gegenseitig. Durch die Brutalisierung der kriegerischen Kommunikation, die ja ausdrückliche Tötungsabsichten hat, tritt dann ein neuer Einfluß in Erscheinung, nämlich

1 *FAZ*, 14. November 1957.

die *Vergeltungsangst.* Auf dem Gipfel des Paroxysmus ist die innere Wahrnehmung von archaischem Wunschdenken beherrscht, die kritische Realitätskontrolle und damit das Werkzeug des aktiven Anpassungsvollzuges sind völlig ausgeschaltet. Sehr deutlich war das in den Jahren 1944 und 1945 zu beobachten; als der Krieg für Deutschland hoffnungslos verloren war, hielten Militärs und Zivilisten immer noch – in ihrer Vernunft gelähmt – an der Fiktion des Endsiegs fest. In solcher Lage sind Taten und psychischer Selbstschutz, d. h. die Abwehrmechanismen, im wesentlichen von Vergeltungsangst diktiert, die zu grandiosen Verleugnungen führt. Das bewußte Ich ist gezwungen, sich diesen Diktaten zu beugen und die phantastischsten Motive zur Rechtfertigung sinnlos destruktiver Handlungen zu liefern. Erstaunlich ist, wie rasch der allergrößte Teil der Menschen, die von solchen wahnähnlichen Fehleinschätzungen der Realität gleichsam befallen waren, wieder zu einem angepaßten Gleichgewicht zurückfindet.
Der Ausgangspunkt aggressiver Durchbrüche als Massenerscheinungen liegt in der Überflutung des einzelnen mit aggressiven Impulsen und Gefühlen, destruktiven Phantasien und Wunschvorstellungen; man könnte geradezu von mächtigen kollektiven Verführungssituationen zur Entbindung destruktiver Energien sprechen. Es gibt aber noch ein anderes, ebenfalls exzentrisches Erscheinungsbild: die Zwangskranken. Sucht man nun nach einer generellen Orientierung, so stellt sich die Frage: ist Aggression vermeidbar? Man kann sie mit einem Blick auf Geschichte und Eigenerfahrung rasch beantworten: Offenbar ist dies nicht der Fall. Wir wissen, daß die Gesellschaft periodisch ihren Mitgliedern

die Erlaubnis zur grausamen Unterdrückung und zur Tötung von Artgenossen, die zu tödlichen Feinden erklärt werden, gibt. Dies ist nicht die Ausnahme, sondern hat als eine andere Regel zu gelten.

6. Kollektive Aggressionsmeisterung – Gehorsam

Aggressionsmeisterung ist eine der wichtigsten Aufgaben, deren Erfüllung Erziehung und kollektive Bräuche übernehmen und die schließlich dem reifen, mündigen Individuum selbst übertragen wird. Aber ist Aggression ein Trieb, etwas Ursprüngliches, oder ist sie reaktiv – also doch vermeidbar? Die Antworten auf diese Frage waren immer widersprüchlich. Wenn wir die großen, die klassischen und kulturbestimmenden Leitbilder betrachten, die Menschen sich von sich selbst gemacht haben, so kann man sie nach Weisheitslehren und nach Wunschsystemen trennen. Den ersteren zufolge ist der Mensch liebend *und* zerstörerisch, die letzteren verlangen von ihm, daß er »gut« sei. Zu dieser »Güte« gehört freilich, daß er zuweilen für seinen Gott, für seinen Herrn, für eine Idee zu rauben, zu morden, zu schänden und zu zerstören bereit ist. Durch einen spezifischen seelischen Prozeß wird dieser Widerspruch aufgehoben: den Gehorsam. Er ist unbedingtes Vollzugsorgan der Anpassung. Das Kriterium der menschlichen Güte wäre demnach der Gehorsam, passive Anpassung. Das Faktum ist: Weisheitslehren, die das Zerstörerische denkend zulassen (ohne es als Sünde zu verdammen), die es durch Einsicht, Wissen, Leiden überwinden wollen – in einer Überwindung der *natura humana* –, haben sich nirgendwo in der Welt als soziale

Organisationsprinzipien durchsetzen können. Das ist der Grund, warum zum Beispiel nicht die Heiligen die Kirchen regieren. Man muß zur menschlichen Lebenswirklichkeit die Lust an Krieg, Verbrechen, Grausamkeit, Heimtücke ebenso hinzurechnen wie Friedfertigkeit, Steuerehrlichkeit, Vertrags- und Freundschaftstreue, Rücksicht und Vorsicht, Liebeslust. Beide Seiten scheinen starker organisierender Zugriffe zu bedürfen, Zugriffe, die das Energiefeld der Person mit drastischen und mit magischen Praktiken ordnen. Wir neigen zur Auffassung, Aggression gehöre zum Wesen des Menschen wie die Organe, deren sie sich bedient – sie könne nur gemildert werden[1].

Kehren wir zu den erwähnten jugendlichen Mördern und zu den Zwangskranken zurück, die ihre Mordimpulse rituell auszulöschen versuchen. Die Mörder haben zur falschen Zeit am falschen Platz gemordet. Hätten sie einem Kreuzfahrerheer, einer Terroristengruppe mit nationalen Befreiungszielen angehört, so hätte ihnen ein Gruppengewissen die Erfahrung gestattet, wie es ist, wenn man ein Messer in menschliches Fleisch stößt. Die Zwangskranken aber würde eine solche kollektive Befreiung vom Tötungstabu nicht beruhigen

1 An dieser Stelle sei an die Studie von Hanz Kunz über *Die Rolle der Aggressivität im menschlichen Leben* (in: *Die Aggressivität und die Zärtlichkeit*, Bern 1946) erinnert. Kunz ist der Auffassung, daß es »spontane Aggressivität und Destruktivität« wahrscheinlich nicht gibt, daß sie aber auch nicht, wie etwa W. Reich postuliert hat, aus gehemmten Regungen ableitbar sei. »Sie gehört als konstitutives Ingrediens zur ›affektiven Natur‹ des Menschen, wenngleich sie nur auf reaktive Weise zur Aktualisierung gelangt« (S. 72). Die schwierige triebtheoretische Frage nach einem primären Triebpaar (Eros – Destrudo) oder nach der reaktiven Herkunft der Aggressivität ist mit unseren gegenwärtigen Kenntnissen kaum eindeutig zu beantworten. Jedenfalls haben wir es bei der Aggressivität – wie ihre letzten bewegenden Kräfte auch geartet sein mögen – mit einem »konstitutiven« Element des menschlichen Verhaltens zu tun.

können. Was sie mit einem unablässigen Anpassungsanspruch überfordert, ist ein Gewissen, das nicht von außen zum Schweigen gebracht werden kann, das nicht unter äußeren Versuchungssituationen ins Schwanken gerät, sondern das als eine Instanz *in* ihnen ist, die deshalb aber nicht weniger fern vom Ich bleibt und ihre Sühnegebote erteilt. Die Überempfindlichkeit des Gewissens gegen aggressive Impulse wie auch seine Unempfindlichkeit sind Anzeichen dafür, daß der sozialen Anpassung lange Stadien vorangehen; in ihnen erfährt ein primäres Triebgeschehen sein charakteristisches Schicksal.

7. *Energetisches Radikal: Destrudo*

Was wir also zu beantworten versuchen sollten, ist nicht die Frage, ob Aggression etwas Angeborenes sei, sondern wie sie aussieht, wenn der Mensch geboren wird, wenn er sich entwickelt; wie sie ihn durch die Stationen seines Lebensweges begleitet. Denn überall stoßen wir auf sie. Wir halten das, was der Aggression als motorisch belebende Energie zugrunde liegt, für eine nicht weiter auflösbare Grundkraft und nennen sie einen Trieb. Dabei vergewissern wir uns, daß »Triebe« theoretische Begriffe sind – man sieht sie nicht, man muß sie denken[1]. Da der Triebbegriff in letzter Zeit generell kritisiert wurde (insbesondere von philosophierenden

1 Vgl. S. Freud, *Ges. Werke,* XV, S. 101: »Die Trieblehre ist sozusagen unsere Mythologie. Die Triebe sind mythische Wesen, großartig in ihrer Unbestimmtheit. Wir können in unserer Arbeit keinen Augenblick von ihnen absehen und sind dabei nie sicher, sie scharf zu sehen.« – Wenn H. Kunz dazu (a. a. O., S. 48) bemerkt: »Aber eine ›Mythologie‹ ist doch wohl nicht das, wessen wir in der Psychologie bedürfen«, so wird der Psychoanalytiker dieses »sozusagen unsere Mythologie« gerne in »unsere Arbeitshypothese« umzubenennen bereit sein. Als Arbeitshypothese bleibt die

Ärzten), muß man sich vergegenwärtigen, daß er der Praxis dient, mindestens nicht abgelöst von ihr entstanden ist. In dieser Praxis will man menschliches Verhalten ändern, um damit von Leiden am falschen Ort zu heilen. Wen diese Absicht nicht berührt, kann gewiß darauf verzichten, im menschlichen Verhalten energetische Radikale zu ermitteln; wem sie zentral wichtig ist, der wird »energetisch« denken müssen und nicht in der phänomenologischen Analyse verharren dürfen. Denn eine solche Analyse führt zu einem uferlosen Triebkatalog (Selbsterhaltungs-, Macht-, Geltungs-, Nahrungs-, Imitations-, Spiel-, Flucht-, Angriffs-, Sozialtrieb usw.). Man kommt mit derartigen deskriptiven Differenzierungen zu keinem tieferen Verständnis des Geschehens. Bei diesem Ungenügen setzte der Ordnungsversuch Freuds ein. »Uns hat immer die Ahnung gerührt, daß hinter diesen vielen kleinen, ausgeliehenen Trieben sich etwas Ernsthaftes und Gewaltiges verbirgt, dem wir uns vorsichtig annähern möchten[1].« Freud hat das Triebgeschehen dualistisch interpretiert; nach mehreren Revisionen beschrieb er den Antagonismus mit den Schlüsselsymbolen »Eros« und »Destruktionstrieb«. Das Wesentliche an seiner Theorie ist aber nicht in dieser Gruppierung des Verhaltens in zwei Grundstrukturen zu sehen, sondern in der nochmaligen Reduktion auf energetische »Radikale«. Wobei das Wort »Radikal« in Analogie zum chemischen »Radikal«, also einer ungesättigten, ergänzungsbereiten

Triebtheorie Freuds so lange legitim, wie kein anthropologisches Konzept aufgetaucht ist, welches das mit Triebverhalten umschriebene Geschehen prägnanter, differenzierter und mehr Einsicht vermittelnd aufzufassen gestattet.

1 S. Freud, *Ges. Werke*, XV, S. 102.

Atomgruppe, verwendet wird, die von einer Verbindung in eine andere übergeführt werden kann. Den »Bedürfnisspannungen« des »Eros« ordnete Freud als Energie die »Libido« zu. Das energetische Radikal des Destruktions- oder Todestriebes bezeichnete er nicht. In seinem unvollendet gebliebenen Manuskript *Abriß der Psychoanalyse* schreibt er: »Für die Energie des Destruktionstriebes fehlt uns ein der Libido analoger Terminus[1].« Das ist sehr bemerkenswert; wie überhaupt Freud in der ihm eigenen Offenheit beschrieben hat, wie schwer es ihm gefallen sei, sich zur »Anerkennung eines Aggressionstriebes zu entschließen[2]«, welcher der »Güte« der menschlichen Natur so widersprechen müsse. In Verfolgung der Gedanken Freuds hat später Paul Federn zur Bezeichnung des destruktiven Energieradikals in der Theorie den Begriff »Mortido« vorgeschlagen, Eduardo Weiss den der »Destrudo«. Der letztere Begriff hat sich seither mehr und mehr, besonders im englischen Schrifttum, durchgesetzt.

Libido und Destrudo stellen Ordnungsbegriffe dar; sie sind arbeitshypothetische Annahmen für die verstehende Bewältigung bestimmter Vorgänge unserer Beobachtung. Den energetischen Triebradikalen begegnen wir in der Praxis, selbst in extremen Fällen, nicht. Sie gehören in den »stummen« Bereich der Primärpozesse. Vielmehr trifft zu, wie Anna Freud dies formuliert hat, daß »die zwei Grundtriebe vereinte Kräfte bilden oder gegeneinander handeln« und daß »gerade durch diese Kombination die Phänomene des Lebens entstehen[3]«.

1 S. Freud, *Ges. Werke,* XVII, S. 72.

2 S. Freud, *Ges. Werke,* XV, S. 110.

3 Anna Freud, *Notes on Aggression,* in: *Yearbook of Psychoanalysis,* Band III.

Das Konzept von zwei energetischen Grundvorgängen hat zu einer entscheidenden Erweiterung unseres Verständnisses menschlicher Verhaltensweisen geführt. Es erlaubt nicht nur neue Interpretationen beobachtbarer Vorgänge, brachte vielmehr überhaupt Neues zur Beobachtung bei. Die Beschreibung eines Vorgangs wie der Triebverwandlung[1], der Triebmischung und des Zerfalls von Triebmischungen mag dem unbeteiligten Betrachter wie mechanistische Spielerei erscheinen. Wer in der konkreten Situation den Ablauf eines Geschehnisses mit diesen Begriffshilfen zu interpretieren und dem, der solchen Energieumsetzungen hilflos preisgegeben war, Einsicht zu vermitteln vermochte, wird sich kaum an der Mythologie, die jeder Begriffssprache anhaftet, stören. Mythologien haben die Aufgabe, das Unbekannte darstellbar zu machen. Diese pragmatische Brauchbarkeit entscheidet darüber, ob sie in Gebrauch bleiben.

8. *Bedürfnisspannung und Zwang*

Wenn wir vom Konzept einer dualistischen Triebtheorie ausgehen, so lassen sich Einzelheiten am Anpassungsvorgang unterscheiden. Die beiden radikalen Grundenergien müssen kultiviert, gebändigt, kurz: in ihrer Beziehung zu den Vollzugsorganen gesehen werden, die ihre Äußerung in sozial erträglichen und wünschenswerten Formen zuläßt. Man muß sie in Bahnen

1 »Daß Triebregungen«, sagt Freud, »aus einer Quelle sich solchen aus anderen anschließen und deren weiteres Schicksal teilen, daß überhaupt eine Triebbefriedigung durch eine andere ersetzt werden kann, sind nach dem Zeugnis der analytischen Erfahrung unzweifelhafte Tatsachen. Gestehen wir nur, daß wir sie nicht besonders gut verstehen« (*Ges. Werke*, XV, S. 103).

lenken, der Beeinflussung öffnen. Während der Kindheit vollzieht sich das auf dem Weg der Identifikation, des Lernens durch Lob und Strafe; später sollen interne Kontrollinstanzen das Werk fortsetzen. Zuerst wird der Akkommodationsvorgang verinnerlicht; ein Über-Ich herrscht im Innern wie eine äußere Macht. Dann soll das Ich in zunehmender Ausdehnung seines Bewußtseins viele Entscheidungen selbst treffen und somit seine Eigenart entfalten: das ist es, was wir als Assimilation bezeichnen.

Zu all diesen Anpassungsleistungen wird durch Einflüsse von zwei Seiten aufgerufen: durch die aus den Trieben stammenden Bedürfnisspannungen und durch die von der Außenwelt her wirkenden Zwänge. Im Fortgang des Lebens werden unablässig neue Triebenergien freigesetzt; wir formen sie in unserem Verhalten unter dem Einfluß dessen, was unsere Umwelt fordert – oder auch zu fordern verfehlt. Von unserem Verhalten wird die Art unserer affektiven Kontakte bestimmt; diese sind aber schon Ausdruck der Vorerfahrungen, die wir im sozialen Umfeld gemacht hatten. Hier müssen wir allerdings eingestehen, daß wir noch nicht in der Lage sind, klar zu erkennen, was zum Gelingen der Akkommodation und, von ihr aus weiter, zur Assimilation gehört, mit anderen Worten: welcher Weg zu einer gelungenen Anpassung führt. Hingegen verfügen wir über viele schlüssige Beobachtungen von Vorfällen, welche die Anpassung erschweren oder partiell überhaupt verhindern.

Von dem jugendlichen Mörder können wir sagen – ohne seine Vorgeschichte zu kennen, gleichsam in einer Blinddiagnose –, daß seine Tat Ausdruck eines »frustration behavior« (Norman Maier) ist. Wie geordnet im äußerlichen Aspekt das Milieu gewesen sein mag, aus dem er stammt, es muß ihm jene Zuwendung gefehlt haben, die es ihm erlaubt hätte, wie Erikson sagt, »Urvertrauen[1]« zu schöpfen. Es muß die Möglichkeit gefehlt haben, haltbare Identifikationen als dauerhafte Grundlage der Persönlichkeit aufzubauen. Es muß die Erfahrung gefehlt haben, daß da ein anderer ist, der gibt und fordert. Nur im Erfahren des anderen, der sich zuwendet, kann soziale Realität überhaupt entstehen. Sie bahnt allen weiteren Zuwendungen (Objektbesetzungen), in denen Geben und Nehmen gelernt wird, den Weg. Hier vollziehen sich die lebensbestimmenden ersten Triebmischungen. Wie die Respektierung des anderen aus solchen Grunderfahrungen gelernt wurde, entscheidet dann darüber, welch höheren oder niederen Grad von »Kultureignung« das Individuum erwirbt; ob seine Anpassung sich auch unter Verführungs- und Versagungssituationen als haltbar erweist, oder ob sie eine mehr oder weniger dem äußeren Zwang sich beugende »Kulturheuchelei«[2], d. h. nur eine opportunistische, oberflächliche Akkommodation ist. Welchen Weg die Entwicklung nimmt, hängt also von Art und Ausmaß der libidinösen Zuwendung ab, davon also, wie sehr (oder wenig) das Kind geliebt wird. Nur wer selbst geliebt worden ist, wird auch zu lieben gelernt haben. Da Liebe zum Kind ein hohes Maß von Toleranz für dessen ungekonnte, noch nicht integrierte Aggressivität voraussetzt, gibt sie die Richtschnur dafür ab, wie umfänglich und wie haltbar die Triebmischung von Libido und Destrudo sein wird.

1 Erik H. Erikson, *Kindheit und Gesellschaft*, Stuttgart 1961.
2 S. Freud, *Ges. Werke*, X, S. 332.

Von den psychoanalytischen Erfahrungen her kann man also sagen, Anpassung muß Triebmischung befördern, die Umwelt muß diesen Vorgang unterstützen, und die libidinöse Besetzung muß dabei in die höhere, die leitende Funktion gelangen können. Dem Kind müssen die libidinösen Objektbesetzungen erleichtert werden, und man darf es nicht daran hindern, zugleich mit diesen Besetzungen aggressive Bedürfnisspannungen zu befriedigen.

9. Fehlanpassung

Unsere theoretischen Überlegungen verlangen nach einer Ergänzung. Wir können an den Radikalen Libido und Destrudo qualitative Unterschiede beobachten. Der Libido eignet eine höhere Tendenz zur Mobilität; sie kann in der Besetzung von Objekt zu Objekt fortschreiten, ohne das hinter ihr Liegende zerstören zu müssen. In der Triebentmischung wird überdeutlich, daß Aggression als objektzerstörende Kraft ohne die Legierung mit Libido keine Sublimierungsfähigkeit besitzt. Schlägt deshalb das Führungsverhältnis um, führt in der Objektbesetzung die destruktive Energie und folgt ihr die libidinöse als geführte nach, so sind Perversion und Asozialität die Folge. Genau in dieser Lage scheint sich unser jugendlicher Mörder befunden zu haben. Es ist nicht schwer, sein Verhalten auch von der libidinösen Seite her zu interpretieren: indem man sagt, daß ihm das Messer zur Lösung seiner gesteigerten sexuellen Bedürfnisspannung als eine Art Vollzugsorgan gedient habe. Sein Dank an das unglückliche Opfer wird sicher mißverstanden, wenn man nur den Zynismus sieht; er ist ohne Zweifel auch ein Ausdruck ohnmächtiger, von der Destruktion überwältigter Liebesbedürfnisse.

Ein weiteres Beispiel mag zur Erläuterung der Vielschichtigkeit des Anpassungsvorgangs beitragen. Ein junger Patient, ein Student mit einer sogenannten »ambulatorischen Schizophrenie« (Zilboorg)[1], zeigt die für den Schizophrenen charakteristische schlechte Realitätsangepaßtheit; er hat in vieler Hinsicht ein bizarres und auffälliges Benehmen. Er, der sonst sehr »abwesend« erscheint, nimmt auf der Straße Lehrer oder auch seine Eltern regelmäßig früher wahr als diese ihn und geht ihnen aus dem Wege. Die Erklärung, es handle sich dabei um Verlegenheit, Scheu, Kontaktflucht, hilft kaum weiter. Was sich vollzieht, ist vielmehr ein sehr spezifischer Anpassungsvorgang. Der Patient erlebt den Vater als übermächtig und lebensbedrohend; die Sicherheit, welche ihm die Mutter gewährte, schützte ihn vor diesem Vater nicht. Gegen alle Repräsentanten des Vaters gerät er in eine gesteigerte Alarmbereitschaft. Gerade sie hat auch die Anpassung an seine Triebwelt schwer beeinträchtigt. Die eigenen aggressiven Impulse konnten unter der Dauerwirkung der erwarteten lebensbedrohenden Vergeltung nie konstruktiv entwickelt werden, das heißt, sie konnten nie in eine dauerhafte Triebmischung eingehen. Da aber libidinöse Objektbesetzungen ohne die Hilfe der Aggression ohnmächtig bleiben, entwickelte sich eine extreme Objektverarmung. Die Erscheinung einer Vater-Imago am Horizont signalisiert dem Studenten die eignen, in der

1 G. Zilboorg, *Das Problem der ambulatorischen Schizophrenien,* in: *Psyche* XI, 1957, S. 199.

Verdrängung gehaltenen destruktiven Impulse, erweckt in ihm ohnmächtige Wut und Haß. Das Ausweichen in eine Seitenstraße ist Teil eines Abwehrmechanismus, der ins Bewußtsein eingreift und dem Ich helfen soll, die im Unbewußten dauernd geübte Verdrängung aufrechtzuerhalten. Der Patient weicht einem unangenehmen *Innenerlebnis* aus und einer Realgefährdung, deren Größe durch die Projektion seiner enormen inneren Gespanntheit verzerrt erlebt wird. Das Ganze ist ein mühsamer Anpassungsvorgang – eine Fehlanpassung.

Ins Allgemeine übersetzt bedeutet dies, daß der Anpassungsvorgang sich ununterbrochen in zwei Richtungen vollzieht, nach innen wie nach der sozialen Mitwelt hin. In der optimalen Anpassung würde aber nicht nur ein Spannungsausgleich zwischen Innen und Außen stattfinden, sondern auch ein neuer Spannungszustand würde entstehen, der nunmehr vom *Ich* ausgeht. Das von infantilen Vorbildern sich befreiende und Realgefahren angemessen einschätzende Ich wird sich ein gewisses Maß von Freiheit zu erobern und zu erhalten trachten, und zwar sowohl Freiheit gegenüber den Ansprüchen der sozialen Mitwelt wie Freiheit von den unbedingten Ansprüchen innerer Bedürfnisspannungen; schließlich auch Freiheit *für* etwas: für eine vernünftige Durchsetzung der Bedürfnisspannungen. Man kann diesen kaum generell in zulänglicher Weise darstellbaren Freiheitsvollzug vielleicht wiederum am besten an Fällen, in denen er nicht gelingt, deutlich machen. Da sind Menschen, die sich triebhaft, und solche, die sich zwanghaft verhalten: die ersteren haben zwar Triebobjekte, aber sie vermögen sie nur unter dem Einfluß ihrer eigenen Bedürfnisspannungen zu erleben – sie erleben also keine zwischenmenschliche Realität im eigentlichen Sinne; die letzteren, die Zwanghaften, sind so sehr der Auseinandersetzung mit ihren inneren, verzerrten Objekten verhaftet, daß ihnen eine Bewältigung der äußeren, realen Objektbeziehungen unmöglich wird. Wiederum andere Menschen werden durch Aggression von außen gelähmt. In ihnen entsteht Angst, die sie aktionsunfähig macht. Sie ähneln unserem schizophrenen Patienten. Sie können die aggressiven Tendenzen ihrer Mitmenschen gar nicht adäquat erfassen, sondern erleben jede Aggression sofort überhöht, weil sie durch die dauernde Verdrängungsarbeit an ihrer eigenen, nicht integrierten Aggression gegen jedes Angriffssignal sensibilisiert sind. Die Lähmung, die sie angesichts äußerer Akte der Aggression überfällt, macht sie zu schwachen, wehrlosen oder allzu freundlichen Menschen. Genetisch entstammt ihre Angst der eigenen unbewältigten Aggression. Sie sind diejenigen, die sich Autoritäten gegenüber nicht behaupten können; ein großer Teil der Konformisten, mit David Riesman zu sprechen: der »außengelenkten« Menschen, gehört zu dieser Gruppe.

Den Gegentypus stellen jene dar, bei denen Aggression, die sie von außen erfahren, den reaktiven Druck der inneren Aggression so verstärkt, daß es zur Explosion kommt, zu einer Explosion, die sich dann in Kettenreaktionen hin- und hergehender aggressiver Akte fortsetzt. Solche Leute stellen das Kontingent der »trouble-makers«, die in ewigem Streit mit der Autorität liegen. Aber auch sie bleiben im *acting-out* der ewigen Fehde stecken, kommen nicht eigentlich zur Aktivität, ebenso wie die erstgenannte Gruppe in ihrer passiven Anpassung nicht Aktivität hervorbringt, die dem Ich Freiheit garantierte. »Aktivität« heißt hier: Handeln aus gelungener Legierung von Libido und Destrudo, also »gekonnte« Aggressivität. Das Unbehagen, das beide Typen nicht nur hervorrufen, sondern vor allem in sich erleiden, stammt aus der die Freiheit vernichtenden Angst vor der inneren Eigenaggression, aus ihrer Schuldangst. Die einen weichen blindlings zurück, die anderen stoßen blindlings vor.

10. Anpassung an das eigene Denken

Man muß schließlich noch einen dritten Anpassungsvorgang beachten, der die Anpassung erst zur gelungenen macht; ich will ihn versuchsweise *Anpassung an das eigene Denken* nennen. Dem Ich fällt es im Rahmen der Erlebnisvorgänge und des Erinnerns zu, das Denken von den Zumutungen der inneren Bedürfnisspannungen wie der Übergriffe aus der Umwelt freizuhalten. Diese besondere Form der Anpassung, wie sie sich hier vollzieht, läßt sich im Effekt dahin zusammenfassen: man bewahrt sich die Freiheit seines Denkens, aber dieses (gleiche) Denken schützt meinen Nachbarn vor meinem Angriff. Die Anpassungsformel würde lauten: man kann aktiv sozial leben, weil man eigene Denkfähigkeit entwickelt hat. Ein wichtiges Element dieses Vorgangs der Anpassung an das eigene Denken ist seine Ausnutzung für das »Probehandeln«: der die Selbstbefreiung einleitende Tabufrevel wird zunächst *gedacht*; es wird nicht blindlings gehandelt, sondern erst nach der Einübung ins Denken.

Um zu wiederholen: die Anpassungshilfe, die wir von

den wichtigen Schlüsselfiguren unseres Lebens erfahren, hilft uns dabei, zu Triebmischungen zu gelangen, in denen der libidinöse Anteil in der führenden Funktion bleibt. Andererseits kann uns nur eine liebend-tolerante und doch begrenzte Zuwendung dahin bringen, den Mitmenschen anzuerkennen, also soziale Sensibilität zu entwickeln. Rücksicht ist der wirksame Schutz vor Triebentmischungen zerstörerischer Art. Wenn diese Anpassungshilfen zur rechten Zeit und mit der rechten Ausdauer gewährt werden, gelingt es dem Ich, sich von der unmittelbaren Bevormundung zu befreien. Das bedeutet einen entschiedenen Fortschritt, weil bei noch so gutem Kontakt mit den primären Beziehungspersonen Energie in ambivalenten Bindungen gleichsam eingefroren bleibt, auf die in der späteren Entwicklung nicht verzichtet werden kann.
Denken bedeutet immer Eroberung von Unabhängigkeit. Unabhängigkeit heißt aber nicht Realitätsverleugnung, sondern erweiterte Realitätseinsicht. Dabei bleibt die Erlebnisrealität immer noch von den emotionellen Urerfahrungen geprägt. Das Denken vermag nur sehr schwer an der zwingenden Kraft, die von diesen Erfahrungen ausgeht, d. h. an den Erwartungshaltungen, zu rütteln. Wer nicht in den vor den bewußten Erfahrungen liegenden Perioden seines Lebens »Urvertrauen«, eine Phase extremer Abhängigkeit, erlebt hat, wird sich dieses Geborgenheitsgefühl später nur mit unsäglicher Mühe durch Freiheit des Denkens erwerben können, und wen umgekehrt Kindheitserfahrungen an eine paranoide Position fixiert haben, der findet nur schwer die Gelassenheit des Vertrauens. In der Anpassung erfährt der Mensch einen Teil seines Schicksals.

Von Willensfreiheit ist insofern keine Rede, als er sich sein Ursprungsschicksal nicht wählen kann; von Fatalismus aber auch nicht, weil unser Verhalten sicherlich nicht voll durch unsere erbgenetischen Anlagen und durch das soziale Ursprungsschicksal bestimmt wird. Wir schaffen Freiheit und Unfreiheit, Glück und Unglück, und wo wir uns dabei auf unsere Natur, auf unseren »Charakter« berufen, von dem dies alles abhängen soll, entschuldigen wir uns nur unzureichend. Uns allen ist offenbar die Aufgabe gestellt, es bis zur *denkenden Anpassung*, bis zum überlegten Verhalten zu bringen, unzweifelhaft eine Forderung, die ein großes Stück Überforderung enthält, weil für manche Menschen die Ausgangslage ihres Lebens in der Tat überaus beklagenswert ist.

Wir haben eingangs ein Problem der Völkerverständigung erwähnt; werfen wir zum Schluß nochmals einen Blick aufs Große. Die Lage, in der wir uns befinden, ist besonders prekär geworden, weil eine alte Praxis gegen Anpassungsschwierigkeiten heute nicht mehr durchzuhalten ist. Wir alle sind nur partial sozialisiert und müssen Verzichte leisten, die unsere Triebnatur nur höchst widerwillig hinnimmt. Da Erziehen zu den drei nicht ideal lösbaren Aufgaben des menschlichen Lebens gehört – die anderen beiden sind Regieren und Heilen –, wird Fehlanpassung, sei es aus einem Triebüberschuß, der nicht zu bändigen ist, sei es aus Unvermögen der Eltern oder Indolenz der Gesellschaft, nie verschwinden. Was tun, wo doch Sozialtypen wie der Gentleman, bei denen die Anpassung bestens gelungen scheint, neben weniger liebenswerten Vertretern der gleichen Gesellschaft stehen? Wir werden unsere *trouble-makers* nicht mehr los; sie können nicht mehr »nach Indien ziehen, über Nacht«, wie Harold Nicolson[1] schreibt, »riesige Vermögen anhäufen und als Nabobs nach England zurückkehren« – oder, so muß man hinzufügen, um dort zu verkommen.

Die Menschheit partizipiert aneinander; das hat sie wohl immer getan, aber es drang nicht ins Bewußtsein überlegener Gesellschaften. Burke (der hier nach Nicolson zitiert wird) war, wie auch der vergessene Holländer Multatuli, einer der wenigen, der auch die »Kehrseite der Medaille« sehen wollte. Er beschrieb die Unangepaßten unserer Gesellschaft mit den Augen derer, die in fernen Ländern unter ihnen zu leiden hatten: »Beseelt mit dem Geiz des Alters und dem Ungestüm der Jugend, fallen sie, einer nach dem anderen, eine Welle nach der anderen, über das Land; und vor den Augen der Eingeborenen gibt es nichts als eine endlose und hoffnungslose Kette neuer Scharen flüchtiger und beutegieriger Raubvögel.«

Diese Wege sind verbaut und nicht mehr begehbar in einer Welt, in der schon das geringste Vergehen eines fremden Soldaten die nationalen Gefühle in pathetische Wallung bringt. Was sollen wir tun? Bis der Satz eines alten englischen Autors (ebenfalls nach Nicolson) keine Hypokrisie mehr, sondern Wahrheit ist, der Satz nämlich: »Kein Mensch ist weiter davon entfernt, unzerstörbare und unvergessene Rachegefühle zu hegen, als ein Engländer«, bis dieser Satz erstens wahr ist und zweitens nicht nur für Engländer, sondern für uns alle gilt, wird noch ein gutes Stück auf dem Weg der Anpassung zurückzulegen sein; ein Stück voller Gefahren,

1 Harold Nicolson *Vom Mandarin zum Gentleman,* München 1957.

nicht nur weil heute auf der Ebene kollektiver Aggressionsäußerungen außerordentlich zerstörerische Mittel zur Verfügung stehen, sondern auch deshalb, weil es nicht minder gefährlich scheint, die Aggressionen in massenhaft angebotenen Ersatzhandlungen gleichsam ohne Entgelt zu verlieren oder überhaupt in konformistischer Unterwürfigkeit auf ihre Entwicklung, auf ihre Sozialisierung zu verzichten; daraus mag dann freilich jene vielbeklagte Apathie und Interesselosigkeit, jenes Herumlungern an den Ausgabestellen des Wohlfahrtsstaates und jenes planlose individuelle Quälen und Morden resultieren, die ein Merkmal unserer Epoche sind. Den erhöhten Sozialisierungsanspruch wird aber nur die denkende Anpassung einlösen können.

Thesen über Grausamkeit

1. Die Grausamkeit war stärker als jede Kultur

Das Bild des Gekreuzigten hat unsere Kultur seit vielen Jahrhunderten begleitet. Freilich wird es selten mit vollem Bewußtsein betrachtet: eine Folterung mit Tötungsabsicht. Für die christliche Religion war dies die höchste Unrechtstat. Lösen wir die Kreuzigungsszene aus dem Zusammenhang gläubiger Überlieferung: der Tod am Kreuz wurde unzählige Male verhängt und erlitten. Ein Mensch, unbotmäßig gegen die herrschende Macht, wird um Leib und Leben gebracht. Es gibt aber sanfte Tode. Man hätte ihm die Pulsadern öffnen, ihn den Schirlingsbecher trinken lassen können. Aber diese letzte Güte in der Menschentötung durch Menschen wird ihm vorenthalten. Der schmerzlose Tod wird verweigert. Tod an sich ist noch nicht Strafe genug.

Wenn es so sein sollte, daß nicht Platz für beide ist, wenn einer den anderen töten will, so ist das noch keine Begründung für die Grausamkeit. Sie kommt erst als zweites Motiv zur Tötungsabsicht hinzu. Denn Grausamkeit ist Lustgewinn aus den Leiden des Gefolterten. In stilleren Zeiten, in kleinen Mengen im Alltag verteilt, bricht Grausamkeit periodisch in einem Sturm der Vernichtungswut über jene herein, die im Augenblick die Schwächeren sind.

Das an so vielen Plätzen aufgestellte Kreuz mit dem unter Qualen Verstorbenen ist ein Mahnmal: Töten heißt Schuld auf sich laden. Schuldgefühle sollen der

Lust am Foltern entgegentreten. Wir müssen uns eingestehen, die Mahnung hat versagt. Zu viele Menschen foltern nach Jahrtausenden der Predigt, des Gebots, nicht zu töten.

Lust ist erfinderisch, auch Folterlust. So ist es unausbleiblich, daß der Anblick des Gekreuzigten wider alle bewußte Absicht nicht nur Mitleid, Schuld erweckt, sondern verborgene, verbotene Lust am Töten und Zerstören.

Die Folterknechte sind keine andere, keine fremde Rasse. Mehr oder weniger sind wir alle verführbar, den Mitmenschen zu quälen. Auch die sind es, die solches weit von sich weisen. Sie wissen nur nicht, was sie tun.

2. Weisheit wurde nicht angenommen

Verlassen wir den uns gewohnten Kulturhorizont: versetzen wir uns in die indisch-chinesische Kulturwelt. Die großen Figuren des Buddha, des Konfuzius, Laotses haben hier als weisheitsgesättigte Weltüberwinder eine Ruhe vermittelt, die auch uns erhaben erscheint. Weisheit heißt hier Überlegenheit über den verblendenden Zwang, dem Verlangen nach Lust folgen zu müssen.

Wem ist aber die Selbstüberwindung, wie Buddha auf seinem Weg ins Nirwana bewies, gelungen? Das große Problem der Askese taucht auf. Bringt die Bekämpfung der Sinnlichkeit schon Freiheit? Welchen Einfluß hatte die großartige innere Freiheit Laotses auf die Milderung der ausgeklügeltsten Folterlüste, an denen die chinesische Geschichte so reich ist?

Weisheit wurde nicht angenommen, nicht bei uns aus

der Vorbildlichkeit des Gekreuzigten, noch dort aus der Vorbildlichkeit des vom Zwang der Wiedergeburten Erlösten.
Man hat unserem Jahrhundert schon viele Namen gegeben, auch den eines »Jahrhunderts der Folter«. Einen Unterschied in der erbarmungslosen Verfolgung und lustvollen Erniedrigung des Gegners kann man zwischen dem Westen und dem Fernen Osten beim besten Willen nicht entdecken.

3. »Erlösung« kommt nicht von außen

Die Kulturleistungen der großen Religionen nehmen sich aus wie der Diamant in der Kohlenhalde. An der vitalen Kraft, aus der Grausamkeit und Zerstörungslust leben, hat sich im Grundsatz nichts geändert. Unser Jahrhundert der Folter setzt mit neuem Schwung und ungeniert fort, worüber sich zuletzt auch das bürgerliche Jahrhundert in seinen imperialen Besitzungen nicht geschämt hat: den Stolz auf seine Brutalität.
Die Produktionskraft der Industriegesellschaften ist in wenigen Jahren schwindelhaft gestiegen. Aber auch das Ausmaß der Schrecken tat es. Es ist nicht mehr Not wie vor 30 Jahren, die neidisch, hämisch, unversöhnlich, boshaft machen müßte. Es ist überhaupt nicht nur die böse Gesellschaft, die uns da entfremdet.
Die Quellen der *Aggression* sind vielmehr Quellen, die *in* uns fließen, zu unserer Natur gehören.
Zu hoffen, daß wir von außen, von einem Heilbringer, von unseren Triebwünschen erlöst werden, ist leere Hoffnung. Wir können uns nur so weit frei oder unfrei fühlen, wie wir Kenntnis von uns selbst haben: nicht

verklärte, sondern unbeschönigte Kenntnis. Zu dieser Einsicht gehört, daß wir in dauerndem *Konflikt* mit den Triebbedürfnissen, den Glückswünschen der anderen leben. Im besten Fall ist Kultur Anweisung zur Harmonisierung unserer Bedürfnisse. Dieser beste Fall ist selten. Erst wenn wir in uns erfahren haben, wie zäh wir an den Befriedigungen, die wir einmal kennengelernt haben, hängen, wie sehr uns der Sinn auch nach der kleinen Münze der Grausamkeit steht, können wir uns selbst Verzichte auferlegen.

4. Autorität soll befreien, nicht zwingen

Angesichts der verdeckten und unverdeckten Grausamkeit in aller Welt, müssen wir uns eingestehen, daß die großen Sittenlehrer und Sittenlehren der Menschheit gescheitert sind. So wenige sich ans große Vorbild halten konnten, wo sie selbst ins Gedränge der Versuchung kamen, so viele vergaßen total am Wochentag, was sie am Sonntag vielleicht dumpf zu begreifen begonnen hatten. Freud nannte das »Kulturheuchelei« und fand das durchschnittliche Individuum der Kultur von seiner Moral und ihrem Anspruch auf Triebverzicht überfordert. Hier scheint abermals die Grausamkeit geheimer Sieger zu bleiben. Verbirgt sie sich nicht in jenen verbietenden Moralen, die dem schwächlichen Individuum immer die Fehlerrechnung präsentieren und sich an der Qual seines Versagens verlustieren?

Der große Rückzug aus dem moralischen Engagement, die verächtliche Auflehnung gegen die Großmeister der Verbotsmoral, hat seine starke Wurzel darin, daß wir heute den geschichtlichen Weg der Menschheit besser kennen als je Menschen zuvor. Wir wissen z. B., daß während wir uns noch vom Exzeß unserer kollektiven Grausamkeit im Zweiten Weltkrieg erholten, an anderen Stellen der Erde schon neue Exzesse aufbrachen. Die Ermahnung, nett zueinander zu sein und einen Völkerbund zu gründen, ist eben keine Vorbeugung. Die Autorität, die uns belehren könnte, müßte uns durch *mehr* Wissen über uns befreiend helfen, statt uns vorzuspiegeln, mit gutem Willen wären in Jahrtausenden ausgetretene Fußstapfen der Brutalität zu vermeiden.

5. Die Lust an der Zerstörung bewußt machen

Von den wissenschaftlichen Erforschern des menschlichen Verhaltens haben wir zu lernen, daß die Zerstörungsleidenschaft einem Trieb in uns korrespondiert; und zwar geschieht das in jedem von uns. Diese Zerstörleidenschaft entspringt einer der Anlagen des Menschen, keine noch so fürsorgliche Gesellschaft kann uns die Aufgabe der Aggressionsmeisterung abnehmen. Dazu gehört die Überwindung des Wunsches, den Schwächeren zu quälen und in seinem Selbstwert zu erniedrigen. Unsere Gesellschaft kann uns zur Aufmerksamkeit erziehen, Selbsteinsicht nicht aufzugeben, wo wir rücksichtslos fordern und handeln wollen. Meist verdeckt sie aber gerade diese Aufgabe, wo geheiligte Vorrechte zu opfern wären.

Soll Moral im Zeitalter perfekter Vernichtungsmittel nicht zur privaten Kuriosität absinken, zum Deckmantel für Taten, die es zu verschleiern gilt, dann kann die Funktion der Moral nur darin bestehen, uns sanft, aber beharrlich zur Erweiterung unserer Selbstwahrnehmung

anzuhalten. Wo sie sinnlos Tugenden fordert, die nicht ohne Schaden erreichbar sind, arbeitet sie im Dienst der Zerstörung: die verwüsteten Landschaften, die ermordeten namenlosen Scharen der Geschichte beweisen es. Sie wurden immer im Namen einer Tugend vernichtet, die sich selbst als die höhere – und deshalb zur Zerstörung privilegierte – verstand. Produktives Schuldgefühl (und nicht bloß quälendes) kann erst entstehen, wo die Lust an der Zerstörung innerlich voll erlebbar wird. Erst dann kann man darangehen, sich von ihrer überrumpelnden Herrschaft zu befreien.
Auf Vorbilder wird es auch weiterhin in jeder menschlichen Gesellschaft ankommen; die, nach denen wir suchen, müssen Ähnlichkeit mit uns selber haben. Sie müssen die Spuren unserer Sorgen und Nöte verraten. Auch die rettende Moral kann nicht mehr von außen erwartet werden: vielmehr geht die Forderung dahin, uns nach Kräften so zu entscheiden, daß andere sich nach uns richten können, ohne dadurch allzu heftig Schaden zu nehmen. Das erspart das Warten auf Wunder, die sicher nicht eintreten werden.

Die Idee des Friedens
und die menschliche Aggressivität

Das Thema ist uralt; aber es ist schwer zugänglich geblieben, um nicht zu sagen unzugänglich.
Zwei Zitate lassen sich als Motto, d. h. als Schrittmacher für die folgende Überlegung benutzen. Zum Wort Frieden eine Äußerung von C. Wright Mills:
»Frieden ist ein so durch und durch ›gutes‹ Wort, daß man sich vor ihm in acht nehmen soll. Für die verschiedensten Menschen hat es seit jeher die allerverschiedensten Dinge bedeutet. Sonst könnten sich nicht alle so bereitwillig und allgemein auf den Frieden einigen ...[1]«
Zum Phänomen Aggressivität einen Satz Sigmund Freuds:
»Es wird den Menschen offenbar nicht leicht, auf die Befriedigung dieser ihrer Aggressionsneigung zu verzichten; sie fühlen sich nicht wohl dabei[2].«
Zwar gehört das Wort »Weltfrieden« in die Gebetsmühlen politischer Kommuniqués, wird es unzählige Male ausgesprochen und niedergeschrieben, aber die Versuche, zu einer Strukturvorstellung zu kommen, wie ein solches weltweites Leben in Frieden auszusehen hätte, sind demgegenüber äußerst spärlich. Viele Politiker oder Forscher wagen es auch nicht, ihre Vorstellungen eines Weltfriedens oder seiner Unerreichbarkeit mitzuteilen, um nicht in den Geruch zu kommen, sie

Der vorliegende Aufsatz stellt die vollständige Wiedergabe meiner Frankfurter Antrittsvorlesung am 26. Januar 1968 dar.
1 C. Wright Mills, *Die Konsequenz*, München 1959, S. 157 f.
2 Sigmund Freud, *Das Unbehagen in der Kultur*, *Ges. Werke*, Bd. XIV, S. 473.

seien entweder Utopisten oder Zyniker. Dieser Gefahr will ich nicht aus dem Wege gehen und die Frage stellen, ob nicht in der Tat die unablässige Beschwörung eines Weltfriedens Spuren verwischen soll, und zwar die Spuren davon, daß uns eine derartige Aussicht zunächst zwar lockt, dann aber auch erschreckt. Dabei zweifle ich nicht, daß wir bewußt den Frieden wünschen, wage jedoch desungeachtet die These, daß wir ihn als Weltordnung auch fürchten. Und zwar in den tieferen, verborgeneren Schichten unserer seelischen Organisation, die freilich auch die großen Erfahrungen der Entwicklungsgeschichte der Art enthalten. Das Gefühl, der Möglichkeit kollektiver aggressiver Äußerungen beraubt zu sein, wird unbewußt als ein äußerst bedrohlicher, schutzloser Zustand aufgefaßt; das reflektiert sich auch in der vagen Unlust, mehr als deklamatorisch sich mit dem Frieden zu befassen, und mag einer der Gründe sein, warum das Wort Weltfrieden in so manchem Munde hohl und unaufrichtig klingt. Aber mehr noch: es ist vornehmlich in den angelsächsischen Ländern und auch in Rußland eine Friedenswissenschaft im Entstehen; in deren Journalen, zum Beispiel »Peace and War«, »Conflict Resolution«, sucht man nahezu vergebens nach Beiträgen über ein auch psychologisch relevantes Strukturmodell friedlicher Ordnung, findet statt dessen Berichte über Rüstungswettlauf, über die elaborierten Eskalationsspiele der Planer des dritten Weltkrieges, über den »protracted conflict«, d. h. die Perversion eines permanenten Kriegszustandes; am ehesten mit dem Frieden statt mit den Kräften, die ihn stören, haben noch die Berichte über den Unilateralismus oder Gradualismus zu tun, also jene Auffassungen, die entweder einseitig mit

Schritten der Abrüstung beginnen oder dies Zug um Gegenzug planen wollen.
Das alles existiert aber doch nur am Rande des öffentlichen Bewußtseins und auch am Rande der Forschung. Wir befassen uns nicht nur ungern mit dem Frieden, wir befassen uns noch viel weniger gern mit unserer eigenen Aggressivität. Weil sie uns in Konflikt mit unserer Moral bringen, scheint uns für unser Selbstverständnis kaum etwas sonst solche Mühe zu bereiten wie die angemessene Einschätzung eigener Aggressionsneigungen. Wenn sie im Bewußtsein auftauchen, verstoßen sie gegen die Forderung nach Friedfertigkeit, weshalb auch die faktisch gezeigte Aggressivität leicht im eigenen Urteil zur harmlosen, jedenfalls gut gemeinten Äußerung wird oder zur berechtigten und möglicherweise triumphierend erlebten Strafaktion für die aggressive Bosheit, mit der andere uns begegnen – für deren Unleidlichkeit erweist sich unsere Wahrnehmung als ungemein scharfsichtiger. Freud hat diesen Mechanismus als Projektion, als Selbstschutz erkannt – als wirkungsvollen, wenn auch unvernünftigen Selbstschutz – und in die Reihe der Abwehrvorgänge gegen die Wahrnehmung eigener Triebregungen, die den Wertnormen und Idealen der jeweiligen Gesellschaft widersprechen, eingeordnet. Dieser Einblick in das Schicksal der aggressiven Triebäußerungen ist aber im Gegensatz zu mancher Erleichterung des Verständnisses unserer sexuellen Bedürfnisse, welche die Psychoanalyse mit sich gebracht hat, fast ganz auf die Psychoanalytiker als Fachleute und deren Patienten, denen solche Einsicht nicht erspart bleiben kann, beschränkt geblieben.
Es zeigt sich, daß lange zuvor auch Kants Scharfsinn in

Sachen des Friedens die Störenfriede nicht hindern konnte, die »Organisation der Friedlosigkeit« – um mich einer Formulierung von Dieter Senghaas zu bedienen – weiter zu betreiben. Die einen machen dafür die unverbesserliche menschliche Natur haftbar, die anderen die bösen, repressiven Gesellschaften. Solcherart wird aber nach zu großem Augenmaß geschätzt. Weder ist ein aggressionsfreier Mensch, der dann noch lebensfähig wäre, in Aussicht noch eine Gesellschaftsstruktur, innerhalb derer die Mitglieder nicht genötigt wären, die neu hinzukommenden Individuen, also ihre Kinder, und immer auch sich selbst darauf aufmerksam zu machen, daß wir ziemlich lange nach unserer Geburt noch keineswegs Einfühlung, Rücksichtnahme zeigen, also keine primäre soziale Gesinnung mitbringen. Soziale Ansprüche, das wohl. Aber von Anfang an gibt es Unlustgeschrei, wenn andere etwas von uns wollen. Im Zusammenprall unseres Anspruchs an die Mitspieler in unserem Leben und der Unlust, uns den gleichartigen Ansprüchen dieser Mitmenschen zu fügen, entsteht permanent in der Welt Streit, Machtkampf, Krieg. Und in der Tat, die Gerechtigkeit ist leicht zu korrumpieren, wo menschliche Interesssen, denen immer etwas von der Maßlosigkeit des primären Narzißmus, der primären Selbstbezogenheit – Selbstverliebtheit – anhaften, im Spiele sind.

So ohne weiteres sieht man es einer Aggression nicht an, wem sie dient; der Vernunft oder Triebbedürfnissen, die der Vernunft spotten wollen. Man kann ihr gute und schlechte Bedeutungen anhängen. Es gibt so viel, was sich zum Beispiel mit dem Wort Krieg verquicken läßt: Freiheit im Freiheitskrieg oder Geschwisterzwist im

Bruderkrieg, Heiliger Krieg oder schmutziger Krieg. Zudem kann das Zerwürfnis allüberall eindringen, wo Menschen aufeinander angewiesen sind: Ehekrieg und Generationskrieg beweisen das.

Daneben ist die Sprache ziemlich präzis, wenn sie *Kampf* von Krieg abhebt. Zunächst ist da der Wettkampf, der Konkurrenzkampf nach Regeln – physisch oder geistig; unversöhnliche Gefühle tauchen auf, wo er in den Lohn- und Klassenkampf übergeht. Zwar hat man vom Klassenfeind gesprochen, trotzdem standen (bis zu der gegenwärtig beobachtbaren Angleichung von Krieg und Bürgerkrieg) Kriegsfeinde und gegnerische Gruppen innerhalb einer Gesellschaft in verschiedenen Motivationszusammenhängen – wenn sich auch am Ende, in der Erbitterung, seit je die Grenzen verwischen, wofür vor allem die Religionskriege genügend schreckliche Beispiele erbrachten. Es war deshalb trefflich, daß Ernst Bloch unterschied zwischen Kampf, »menschenfreundlichem Kampf«, also zwischen Widerstand der »sozial-humanen Vernunft«, einem Widerstand, der sich da »aktiv ohne Ausrede« zu beweisen hat, und *Krieg.* Kampf sieht Bloch »geburtshelferisch« für »jene nicht mehr antagonistische Gesellschaft ... womit die alte schwanger ist«[1]. Progressive Absichten werden also dem Kampf, destruktive, vernunftswidrige dem Krieg zugeschrieben.

Der Psychologe sieht sich jedoch hier vor einer bedeutsamen Frage, von der er gleich gestehen muß, sie nicht überzeugend beantworten zu können. Haben diese beiden Äußerungen, *Kampf* und *Krieg,* die wir motiviert

1 Ernst Bloch, *Widerstand und Friede,* Manuskript der Rede für die Verleihung des Friedenspreises des Deutschen Buchhandels, *FAZ,* 17. 10. 1967.

sehen durch permanent in uns fließende Triebquellen der Aggressivität, haben sie einen gemeinsamen Ursprung? Ist es ein und dieselbe Energie, welche den vernunftdienlichen Kämpfen und überhaupt vielen produktiven Leistungen die Kraft und die Initiative leiht, aber auch die Destruktivität der kriegerischen Absichten speist? Wenn wir uns daran erinnern, daß Kannibalismus zu den ältesten Formen menschlichen Verhaltens gehört, von denen wir Kunde haben, und wenn wir uns weiter daran erinnern, daß demgegenüber unsere nächsten Verwandten im Tierreich die relativ sehr friedlichen Menschenaffen sind, dann wird uns die Beantwortung dieser Frage, woher eigentlich die spezifisch menschliche Aggressivität kommt, nicht erleichtert. Diese Aggressivität ist doch dadurch ausgezeichnet, daß sie vor der Schädigung und Vernichtung des Mitmenschen, aber auch vor der Selbstdestruktion, nicht haltzumachen braucht.

Es liegt also nahe, eine Unterscheidung zu treffen. Wenn man ein psychisches Strukturkonzept am Verhalten orientiert, muß man einerseits eine Triebquelle annehmen, welche ein Verhalten speist, das vor dieser Selbstschädigung und der Schädigung des Artgenossen zurückschreckt; diese Energie motiviert also Aktivität bis hin zum »Kampf«. Vielleicht ist das Verwickeltsein in solche Kämpfe unbehaglich, aber hier trachtet man sich nicht nach dem Leben. Aggressivität solcher Qualität und die »sozial-humane Vernunft« schließen einander nicht aus. Da Krieg andererseits immer und von Anfang an die Tötungsabsicht gegen den Artgenossen einschließt, muß er (unbeschadet der Intellektualität der Kriegstechnik und der im Bewußtsein zumeist sehr

gut rationalisierten Kriegsgründe – jedenfalls die eigene Partei pflegt an sie zu glauben) in einen anders angelegten Handlungszusammenhang gehören, dem möglicherweise eine eigene Triebquelle den Anstoß gibt. Das wäre eine *dualistische Aggressionstheorie.* Sollen wir annehmen, daß die zugrunde liegende Triebenergie tatsächlich eine differente ist, oder handelt es sich um das gleiche Triebpotential, das jedoch situativ und nach seiner Intensität, nach dem Grad der Erregung, der ihm korrespondiert, zu verschiedenen Endhaltungen führt?
Ist es also die Zuspitzung der Lage, ist es eine Kette von Aktionen und Reaktionen, in deren Verlauf die Tötungshemmung verlorengeht? Das ist für die im geschichtlichen Raum erreichbare Befriedbarkeit des Menschen die Schlüsselfrage. Der Endeffekt, der Krieg heißt, besagt, daß die vernunftfeindlichen, vom kritischen Ich nur wenig beeinflußten Zielsetzungen periodisch leitend werden. Zwischen aggressivem Triebverhalten und dem realitätsprüfenden Ich wie dem Über-Ich, also der Gewissensinstanz, haben sich dann – intersystemisch betrachtet – die Kontrollbeziehungen verringert. Die psychischen Repräsentanten des Triebgeschehens – intensive Wünsche und Hoffunungen – entscheiden letztlich über das Verhalten und nicht das Risiko abschätzende Ich, geschweige, daß Einfühlung in den anderen mitwirkte. Die Art und Weise, wie Krieg geführt wird, nämlich unter besonders kategorischer Zuhilfenahme des Gehorsams, d. h. der Unterordnung des fragenden, zweifelfähigen Ichs unter die Befehle eines Fremd-Ichs, zeigt diese Freiheits- und Vernunftfeindlichkeit des Geschehens, dem der einzelne sich bedingungslos einzuordnen hat.

Kein anderes Lebewesen als der Mensch verfügt in diesem Ausmaß über eine auf den Artgenossen richtbare Destruktivität. Und auch der Überfallene kann auf Mechanismen der Selbsterhaltung zurückgreifen, die ihn dem Feind gegenüber enthemmen, so als wäre er kein Artgenosse, sondern ein Artfeind. Es ist die Tragik auch noch der Selbstverteidigung, daß sie die Lust aggressiver Triebentlastung – eben dieser unser Leben untergründig begleitenden aggressiven Phantasien und Gestimmtheiten – mit sich bringt. Man kann also Talcott Parsons zustimmen, daß das »Problem der Macht und ihrer Kontrolle nicht identisch mit dem Problem der Aggressivität ist[1]«. Macht kann sich vernünftig organisieren, den Einsichten dienen. Wenn jede Macht aus der Nutzung des aggressiven Potentials lebt, so läßt die vernünftige Machtform die Fusion mit einer zweiten Triebqualität erkennen: der Libido. Libido mildert in dieser engen Verbindung mit Aggression den Verhaltensstil. Das schafft, psychologisch gesprochen, erst die Voraussetzung, um aggressives Verhalten in eine den Notwendigkeiten entsprechende Aktivität zu verwandeln (der an der Erhaltung des Objektes gelegen ist, nicht an seiner Zerstörung).

Je ungestörter es der psychischen Instanz des Ich, der das kritische Bewußtsein zugehört, möglich gemacht wird, sich zu entfalten, desto größer wird der Einfluß dieser Instanz auf das Triebgeschehen. Es gelingt dem Ich dann, Triebkräfte für seine Zwecke zu engagieren. Heinz Hartmann spricht in diesem Zusammenhang von »neutralisierter« Energie, die dem Ich verfügbar wird.

1 Talcott Parsons, *Beiträge zur soziologischen Theorie* (Soziologische Texte, 15), Neuwied 1964, S. 223.

Aber diese Entschärfung ist keine definitive. Sie ist eine erworbene, schwer erworbene und deshalb leider nicht vererbbare Eigenschaft.
Daß aggressivem Verhalten ein selbständiges Potential zugrunde liegt, ist von Freud offensichtlich erst nach Überwindung nicht geringer innerer Widerstände spät ins Auge gefaßt worden. Auch die zeitgenössische Verhaltensforschung ist der Auffassung, Aggressivität stelle ein Triebgeschehen sui generis dar. »Die Schicksalsfrage der Menschenart scheint mir zu sein«, sagt Freud in »Das Unbehagen in der Kultur«[1], »ob und in welchem Maße es ihrer Kulturentwicklung gelingen wird, der Störung des Zusammenlebens durch den menschlichen Aggressions- und Selbstvernichtungstrieb Herr zu werden. In diesem Bezug verdient vielleicht gerade die gegenwärtige Zeit ein besonderes Interesse«. Obwohl dieser Satz vor bald 40 Jahren, zwischen den Weltkriegen, geschrieben wurde, kann man immer noch anerkennen, daß das Problem unser äußerstes Interesse beansprucht. Aber gibt es das, kann es das geben, einen Selbstvernichtungs*trieb*? Ist er die Wurzel, der älteste, ursprünglichste Anteil dessen, was wir Aggressivität nennen? Jenes Stück also, das bisher durch keine Erziehungstechnik zu befrieden war, jener Teil urtümlicher Lebensäußerung, welcher der Beeinflussung in der Richtung der Sublimierung – und damit Kultivierung – am hartnäckigsten widerstanden hat? Besteht also im Menschen eine selbständige, permanent sich regenerierende Triebkraft, die auf die Vernichtung des Lebens zielt, so daß dann die Kulturleistungen Abkömmlinge dieses Todestriebes wären, dem sie ihre Energie verdanken und der

1 Sigmund Freud, *Ges. Werke*, Bd. XIV, S. 506.

sie doch immer wieder mit seinen zerstörerischen Tendenzen einholt?
Dies stellt eine mindestens des Bedenkens würdige Hypothese dar, obgleich sie mit den sonst beobachteten Lebensäußerungen in der außermenschlichen Welt in einem krassen Widerspruch steht. Auch seine Schüler hat es schockiert, als Freud mit dem Konzept des Todestriebes hervortrat; er sei unmittelbar lebenswidrig, und man könne sich deshalb nicht erklären, wie er im Lauf der Evolution zustande gekommen sein solle. Inzwischen wurden aber so viele Sonderformen menschlicher Existenz, auch auf der Ebene biologischer Äußerung, beobachtet (zum Beispiel das »extrauterine Frühjahr« [A. Portmann][1] mit seiner extremen sozialen Abhängigkeit, das nicht arteigentümlich, erbgenetisch festgelegte Sozialverhalten, der Ersatz angeborener sozialer Verhaltensweisen durch kulturspezifisch zu erlernende und ähnliches), daß die Hypothese, in der menschlichen Art verwirkliche sich zugleich ein antibiologisches Potential, zwar paradox bleibt, aber deshalb nicht schon als eine Denkmöglichkeit abgewiesen werden darf.
Es bleibt fraglich, mindestens gänzlich offen, ob der Todestrieb als Trieb tatsächlich der Kernanteil der Aggression ist. Wäre dies der Fall, so wäre das primäre Triebziel: Entspannung durch Herbeiführen des Todes. Freud hat wohl Vorstellungen in dieser Richtung gehabt: den Verlauf des Lebens zum Tode begleite ein Triebgeschehen, das nicht dem Realitäts-, sondern dem Nirwana-Prinzip unterstellt ist. Dies ist ein Stück philosophischen Sinnverstehens geblieben. Empirisch ist es

1 A. Portmann, *Zoologie und das neue Bild des Menschen,* Hamburg 1956, rde, Bd. 20.

schwer zu bewahrheiten. Das Todestrieb-Konzept läßt aber auch noch eine andere Annäherung zu. Sie geht von der Tatsache der Entbindung des Menschen von einem durchgängigen System ererbter Verhaltensweisen der sozialen Beziehungen aus. Der Aggressionstrieb konnte sich nur zu einem Todestrieb wandeln auf Grund dieser Entbindung des Menschen von den erbgenetisch festgelegten Verhaltensformen seinen Artgenossen gegenüber und auf Grund seiner kompensatorischen Befähigung zum Erlernen von sozialen Normen. An dieser Stelle hilft uns das psychoanalytische Verständnis der Triebschicksale weiter. Die sonst im Tierreich bestehende Bindung zwischen Triebverlangen und erbgenetisch gesicherter Form, in welcher sich dieses Verlangen ausschließlich äußern kann, ist sehr gelockert, Lernvorgänge sind an die Stelle von arteigentümlichen Verhaltensmechanismen gerückt. Lernen ist aber, wie man weiß, immer mit Unlust verbunden und – wie das Individuum zu erfahren hat – mit Verzichten, die selten widerspruchslos hingenommen werden.
Um es verkürzt zu formulieren: Unsere ältesten und vielleicht stärksten Phantasien, die sich uns in Träumen und Tagträumen andeuten, repräsentieren die sozial ungehinderte, von solcher Unlust nicht getrübte Triebbefriedigung. Sie ist rücksichtsfrei und unersättlich. Die Bewußtseinsentwicklung verlangt mehr und mehr Kontrolle über und Verzichte auf derart archaische Triebansprüche. Hinzu kommen die Einflüsse aus sozialen Realitäten erster Ordnung. Die moderne »relativ isolierte Kernfamilie« (T. Parsons) und die höchste Arbeitsteiligkeit in der Berufswelt machen besonders scharfe Restriktionen der aggressiven Triebäußerungen erfor-

derlich; ohne daß demgegenüber so etwas wie ausweichende »Ventilsitten« für deren Entlastung entwickelt worden wären. Bei »Ventilsitten« üblicher Art denke ich an Fußball, Baseball und ähnliche populäre Sportkämpfe, an Filme voller Beschädigungskämpfe u. ä. Die meisten Individuen können sich dabei nur per identificationem, nicht per actionem entlasten. Das reicht offenbar nicht aus. Ihnen würde zufallen, den langsam entstehenden und zu periodischen Entladungen, sowohl beim Individuum wie im Kollektiv, drängenden aggressiven Triebüberschuß so merklich zu entlasten, daß keine Eskalation in die Zerstörungswut erfolgt.

Nach dieser Theorie kommt die tödliche Absicht erst von einem bestimmten Grad aggressiver Erregung an ins Spiel. Man kann dies sogar am Sprachgebrauch ablesen, wenn einer zum anderen sagt: »Ich könnte dich totschlagen«; dann weiß er zwar von dieser Möglichkeit, er ist aber vom Ausführen dieses Vorhabens nicht nur weit entfernt, es bleibt außerhalb seiner Möglichkeiten; selbst wenn er ernstlich wollte, könnte er es nur unter definierbaren psychopathologischen Voraussetzungen ausführen. Für die Ausbreitung der Tötungsmöglichkeit den Artgenossen gegenüber in einem Kollektiv bedarf es deshalb einer starken Absicherung innerhalb dieser Gruppe. Nur dann erweist sich die Angst- und Schuldbarriere, die uns sonst von der Tötung des Artgenossen abhält, als übersteigbar und können wir das Töten ausführen. Die Tötungserleichterung durch die heute immer präziser mögliche Vernichtung auf Distanz kann jetzt nicht bedacht werden. Dagegen müssen wir beachten, daß für jede Form kollektiv gebilligter und im Rahmen von Befehlszusammenhängen angeordneter

Tötung eine psychische Regression in dem, der den Befehl ausführt, stattfinden muß. Wir haben das schon bei der Erwähnung des absoluten soldatischen Gehorsams angedeutet. Er stellt einen erzwungenen Rückschritt in infantile Abhängigkeit dar. Aber auch die Befehlenden, oft in der Rolle eiskalter Rechner sich typisierend, erliegen partiell der Regression zu »primär-prozeßhaften«, zerstörerischen, omnipotenten Phantasien. Diese werden zu Wegweisern ihrer aggressiven Objektbesetzungen, Objekten, denen sie dann mit viel Intelligenz zustreben. (Zu denken wäre hier zum Beispiel an Eduard Teller und Herman Kahn und andere Planspieler des dritten Weltkrieges.) Mega-Tote sind das Ergebnis ihrer Vorausphantasien.

Diese Konstellation von Regression zu primitiver aggressiver Tagträumerei und Aufstauung nicht integrierbaren aggressiven Triebverlangens infolge objektiver sozialer Zwänge ist gefährlich. Gelingt es dieser Konstellation gekonnter, rationaler Berechnung, hinter der die Triebbedürfnisse aber Entscheidungen und Verhalten mehr oder weniger beherrschen, zum Zug zu kommen, dann breitet sich Entsetzen aus. Die *humane* Vernunft, die sich nicht allein im Ich, sondern auch in einem personalisierten und nicht nur vom Kollektiv bestimmten Über-Ich zu Wort melden kann, wird dann zum Verstummen gebracht. Gelingt es einer Gruppe derart gestimmter Persönlichkeiten, entscheidenden Einfluß auf die politischen Geschäfte einer Gesellschaft zu nehmen, dann sind kriegerische Destruktion und Selbstdestruktion die regelhafte Folge.

Fügen wir noch einmal einige Elemente unfriedlicher Entwicklung aneinander, die man beim Entwurf eines

Friedenskonzepts als Gegenkräfte keinesfalls übersehen darf: da ist die Frustration der aggressiven Bedürfnisse auf fast allen Schauplätzen der modernen Industriegesellschaft; da ist die in ihrem Aktionsraum eng abgezirkelte, Aggression wie in einem Brennspiegel sammelnde »isolierte Kernfamilie«, und da sind die Frustrationen, die aus der Unmöglichkeit zur aktiven Beteiligung in den mechanisierten und rigiden Arbeits- und Organisationsstrukturen des Großbetriebs resultieren. Diese Häufung entmutigender Erfahrungen stimuliert die Regression zu infantilen Allmachtsphantasien. Das Individuum wird nun erst recht schutzlos und sieht sich, vielleicht, ohne es zu überblicken, in kollektive aggressive Prozesse verwickelt, die seinen individuellen Todestrieb provozieren, denen gegenüber es aber ausgeliefert bleibt, weil eben diese verlockenden aggressiven Parolen die Sprache der infantilen Omnipotenz sprechen und hinter sich das Risiko verstecken.

Wir wollen hierbei einen für die fatale Entwicklung zentral wichtigen Mechanismus hervorheben: die permanente Spannung aus den im sozialen Alltag nicht integrierbaren Anteilen aggressiven Triebgeschehens macht – wie wir sahen – das Individuum für provozierendes Verhalten bereit. Regierungen können es durch Provokation synchronisieren: Herausforderung und Gegenzug – repräsentativ für ihre Kollektive von den Regierungen gegeneinander ausgeführt – steigern sich und erreichen schließlich eine Erregungshöhe, von der aus eine Umkehr nicht mehr möglich ist. Bis dahin muß dann die Kriegspropaganda die allgemeine Öffentlichkeit so beeinflußt haben, daß auch sie in affektivem Einklang und damit zur kriegerischen Auseinandersetzung bereit ist. Eine Episode kann dies deutlich machen: »In den letzten Julitagen des Jahres 1914, kurz vor dem Ausbruch des Ersten Weltkrieges, wurde Kaiser Wilhelm plötzlich von Furcht befallen. Er rief den Generalstabschef von Moltke zu sich, um die bereits angelaufene Mobilisierung rückgängig zu machen. Moltke mußte aber verlegen gestehen, ›daß eine Mobilisierung nicht etwas ist, was man aufhalten kann‹[1].« Bekanntlich hat Herman Kahn[2] eine vierundvierzigsprossige Leiter der Steigerung aggressiver Provokationen aufgestellt. Es fragt sich, von welcher Sprosse an das Geschehen in diese Irreversibilität gerät. Nach Kahn ist man im Vietnam-Krieg mindestens schon bei der fünfzehnten Sprosse angelangt.

Um es zu wiederholen: erst von jenem erwähnten *point of no return* an verwandelt sich die aggressive Triebenergie in eine, die die vollkommene, die tödliche Destruktion des Artgenossen zuläßt. Die Parallelität dieses unlinearen, nicht umkehrbaren Geschehens mit dem sexuellen Orgasmus ist deutlich genug. In beiden Fällen handelt es sich um triebhafte, nicht mehr willentlich bremsbare Handlungsketten, die bis zur Erschöpfung ablaufen. Das sind nun in der Tat artspezifische patterns of behavior – Verlaufsgestalten.

Zwischenartliches und intraspezifisches, d. h. gegen den eigenen Artgenossen gerichtetes Kampfverhalten fallen jetzt plötzlich in eins. Das ist ein mit dem Tierreich nicht vergleichbares Phänomen. Um dies an einem Beispiel klarzumachen: Die Oryx-Antilope spießt mit

1 Denis Gabor in: *Protokoll Nr. 24 des Bergedorfer Gesprächskreises,* vom 21. 11. 1966, S. 34.
2 Herman Kahn, *Eskalation,* Berlin 1966.

ihrem scharfen Gehörn den Löwen, nie einen Artgenossen auf; mit ihm ficht sie nach genauen Regeln. Die Giraffe benützt in der Verteidigung gegen Raubtiere ihre Hufe. Im Kampf mit dem Artgenossen verwendet sie ihr kurzes Gehörn[1]. »Ein Raubtier kämpft mit seinen Artgenossen ganz anders als mit seiner Beute[2].« Diese Unterscheidung ist es gerade, die sich im menschlichen Verhalten verwischt. Keine Ritualisierung dämmt zuverlässig die tödlich wirksame Aggression ein. Einmal in einen Krieg verwickelt, vermag der Mensch je nach der Situation unterschiedslos auf alle Mittel zurückzugreifen, die ihm zur Vernichtung von seinesgleichen zur Verfügung stehen (von denen es dann heißt, sie seien Ketzer oder »Ungeziefer«). Ob und wieweit die Möglichkeit zum atomaren »overkill« das Risiko so vergrößert, daß hier zunächst eine Einschüchterung der aggressiven Absichten erfolgt und dadurch eine Chance für die humane Vernunft entsteht, das archaische Rivalitätsdenken und Ausbeutungsstreben der Selbstbeobachtung zugänglicher zu machen, gehört ebenfalls zu den völlig offenen Fragen.

Es bleibt freilich festzuhalten, daß dieser Übergang in die »Destrudo«, wie man die das Leben des Artgenossen vernichtende Aggression genannt hat, vom Individuum nicht allein vollzogen wird – dazu ist das Kollektiv nur als Ganzes fähig –, es sei denn im Sonderfall der Kriminalität, zum Beispiel bei Verbrecherbanden, auch einem Kollektiv, oder bei schwerer psychischer Abnormität. Aber auch hier handelt der einzelne zunächst

1 Irenäus Eibl-Eibesfeldt, *Grundriß der vergleichenden Verhaltensforschung*, München 1967, S. 314 ff.
2 ib. S. 315.

nicht spontan, sondern auf Geheiß seiner Regierungen oder vergleichbarer Agenturen der Gesellschaft. Völker führen gegeneinander Krieg, aber sie entscheiden nicht, wann das der Fall ist[1]. Das ist Angelegenheit von Individuen, denen solche Machtvollkommenheit eingeräumt ist. Freilich stehen die Regierungen in einem intensiven Rückkoppelungsvorgang zu der aggressiven Reaktionsbereitschaft ihrer Population; nicht selten wecken und verstärken sie manipulatorisch durch Propaganda die aggressive Erregung in die orgastischen Stufen der Erregtheit.

Fassen wir zusammen: Man muß also dreierlei voneinander unterscheiden: 1. Die aggressive Triebausstattung des Menschen ohne definitiv festgelegtes Verhaltensrepertoire. Aus diesem Tatbestand heraus sind die destruktiven Handlungen gegen den Artgenossen, aber auch der Selbstmord möglich. 2. Die Tatsache, daß der Mensch in seiner Gesellschaft nur einen Teil seiner Erwartungen auf Triebsättigung erfüllen kann. Ein anderer, wechselnd großer und wechselnd virulenter Teil bleibt unbefriedigt und wird abgewehrt (verdrängt, verleugnet etc.). Das trägt zu einer Vertiefung der Spannungen innerhalb der Persönlichkeit bei. Dieser intersystemische Konflikt zwischen Ich, Über-Ich und Es, zwischen Triebanspruch, Realitätskalkül und schlechtem Gewissen, ist der Anknüpfungspunkt wirkungsvoller Ausbeutung. Als Motivation wird dann jeweils die Absicht sichtbar, sich einen ungehemmteren Zugang zu Befriedigungen zu verschaffen, die für den Nichtprivilegierten unerreichbar bzw. tabuiert sind. 3. Der dritte

1 Vergleiche dazu auch Oskar Morgenstern, *Bergedorfer Protokoll*, 1. c., S. 33.

Punkt ist die aktivistische Vereinheitlichung des Mißbehagens aus aggressivem Triebüberschuß. Sie geschieht durch machtbefugte Repräsentanten der Gesellschaft. Bisher ist diese soziale Schlüsselleistung (um deren Freibleiben von Kontrollen z. B. höchst aktuell in den Notstandsgesetzen gerungen wird) ein fast selbstverständliches Privileg der herrschenden Mächte einer Gesellschaft und der sie repräsentierenden Regierung gewesen. Interessanterweise wird dieser Anspruch unabhängig von der Ideologie, die jeweils in einer Gesellschaft vertreten wird, geltend gemacht. Hier liegt also das ungelöste Problem des Gewaltverzichts in einer Welt zutage, die letzten Endes doch immer wieder die Frustration aus entgangener Lust und die Frustration des Selbstwertgefühls in Gewalttat umzusetzen bereit ist. Solange diese drei Anteile am schließlich unaufhaltsam werdenden Geschehen der Kriegsentwicklung nicht genügend klar ins Bewußtsein der Öffentlichkeit gedrungen sind, bleiben alle Hoffnungen auf den Frieden Wunschträume. Würde diese Erweiterung des Bewußtseins allerdings erfolgen, so hätte dies tiefgreifende Folgen. Vor allem würde es den Personen, denen die Regierungsgeschäfte obliegen, nicht mehr möglich sein, sich als diese Personen, die sie sind – mit ihren Qualitäten, aber auch mit ihren Beschränktheiten –, der öffentlichen Diskussion zu entziehen. Heute garantiert ihnen dies noch ein Personenschutzgesetz, welches aus der langen Epoche stammt, in welcher der regierende Fürst für sich das Privileg göttlicher, d. h. also einer unkontrollierbaren Auserwähltheit in Anspruch nehmen konnte. Progressive Gesellschaften können sich aber die Deifizierung ihrer Führer unter keinen Umständen mehr leisten. An die

enormen Verluste humaner Substanz durch »charismatische« Führer, die uns in diesem Jahrhundert beglückten, braucht gewiß nicht erinnert zu werden.
Das »befriedete Dasein«, das Herbert Marcuse[1] als geschichtliche Zielvorstellung vorschwebt, ist doch nur erreichbar, wenn sich die Natur des Menschen unter den drei erwähnten Bedingungszusammenhängen als befriedbar erweist. Dem Psychoanalytiker muß es etwas voreingenommen erscheinen, den Unfrieden immer wieder überwiegend von den erstarrten repressiven Machtansprüchen übermächtiger sozialer Gewalten abzuleiten, so bedeutungsvoll diese sind. Vielmehr ist es doch so, daß dieser in seinem Ursprung unfriedliche Mensch durch die Jahrtausende, und immer deutlicher, je größer seine zivilisatorische Potenz wurde, derart unerträgliche Machtverteilungen und ein solches Ausmaß organisierter Unvernunft produzierte, für die dann kein anderer Ausweg als organisierte Destruktion oder Selbstdestruktion bleibt. Unzweifelhaft haben die Gesellschaften der Vergangenheit Aggression durch ihre Lebensbedingungen angeheizt – und tun es weiterhin. Der Glaube jedoch, daß schon die wachsenden Produktivkräfte befriedend auf die unfriedliche menschliche Art wirken könnten, scheint eine Hoffnung, die nur enttäuscht werden kann. Vielmehr dürften die entscheidenden Übel wohl nur sekundär von der Gesellschaft herrühren, primär vom Menschen, der nur so imperfekte Gesellschaften zu errichten in der Lage war und von dem man nicht annehmen kann, daß er mit einer

1 Herbert Marcuse, *Kultur und Gesellschaft I*, Frankfurt 1965, edition suhrkamp, Bd. 101; ders. *Der Eindimensionale Mensch*, Neuwied 1967, Soziologische Texte 40, S. 232.

neuen Generation, mit neuen »Eliten« wie im Märchen vom Kalif Storch das Schlüsselwort für eine plötzliche Verwandlung in ein friedlich-tolerantes Wesen finden wird. Es ist nämlich nicht nur so, daß in der Gesellschaft Vorurteile zur Macht kommen – bzw. die herrschende Gruppe schützen –, sondern daß diese Gesellschaft auch auf dem Umweg über ihre politischen Agenturen den in der Gesellschaft auflaufenden Haßgefühlen, dem Neid und den Aggressionsbedürfnissen um jeden Preis Auswege eröffnen muß, will sie nicht im Bürgerkrieg untergehen. Dabei war dann, jedenfalls in der Vergangenheit, die Verschiebung auf den Nachbarn als ein leicht verfremdbares Haßobjekt, Neidobjekt, Wutobjekt zunächst der Ausweg zum kleineren Übel. Es ist doch eindrucksvoll, daß solche Verschiebungen und Projektionen sich bisher für alle Gesellschaftsformen als unvermeidbar erwiesen.

Betrachten wir nun, eingedenk dieser wenig hochfliegenden Hoffnungen, die Idee eines permanenten Friedens, so wird uns klar, daß hier höchst ambivalente Gefühle im Spiel sein müssen. Frieden heißt in unbewußter Gleichsetzung zunächst einmal permanenter Verzicht auf Aggressionsäußerungen zum Selbstschutz, eine permanente Unterdrückung solcher Gefühle. Wird daraus Selbstaufgabe, Friedhofsfriede? In unbewußten Phantasien nimmt sich ein unentrinnbarer Frieden als Potenzverlust aus. In der Ebene sexuellen Verhaltens bedeutet *Potenzverlust* eine schwere Erschütterung des Selbstwertes. Auf der Ebene der Aggressivität jedoch, die weitgehend mit der der Selbsterhaltung in eins fällt, ist Potenzverlust eine vitale Bedrohung, nahezu ein Todesurteil. Iring Fetscher hat in einer äußerst lesenswerten Abhandlung eine Reihe historischer »Modelle internationaler Ordnung« zusammengestellt. Die manipulativen Phantasien der Erfinder dieser Modelle sozialer Ordnung verraten viel Aggression im Dienste solcher Ordnung. Sie sind also zunächst einmal unfreiwillige Zeichen unserer Ohnmacht, mit weniger Repression eine funktionstüchtige Sozialstruktur aufrechtzuerhalten. Meist läuft bei genauerer Betrachtung die Herstellung des geplanten endlichen Friedens auf eine Vergewaltigung oder Überwältigung hinaus, so daß die unbewußten Phantasien nicht grundlos so sind, wie sie sind.

Mit einer bloßen »internationalen Rechtsordnung« wäre im übrigen keineswegs gedient, wenn sie nicht die Mittel sich durchzusetzen besäße. »Eine weltweite Rechtsordnung wäre nämlich nur dann ein den Frieden garantierendes Instrument«, sagt Fetscher, »wenn es eine hinlänglich mächtige Instanz gäbe, die diese Ordnung notfalls erzwingen könne, d. h. aber, wenn ein Weltstaat existierte[1]«. Eine Auffassung, die auch Carl Friedrich v. Weizsäcker vertritt. Einerseits sei der Weltfriede »Lebensbedingung des technischen Zeitalters« und in diesem Sinn »unvermeidlich«. In Übereinstimmung mit den marxistischen Denkern ist ein so christlich-bürgerlicher Autor wie v. Weizsäcker weiter der Auffassung, daß der Weltfriede das Goldene Zeitalter nicht herbeibringt – ebensowenig wie die klassenlose Gesellschaft dies vermag. Sie sind kein wiedergewonnenes Paradies, »vielmehr ist der Weltfriede ein Stück der

1 Iring Fetscher, *Modelle internationaler Ordnung*, Heft 9 der Schriftenreihe *Zwischen Gestern und Morgen*, Internationaler Arbeitskreis Sonnenberg, Braunschweig 1967, S. 5 f.

profanen Geschichte, das nunmehr erreicht werden muß. Er ist eine neue Stufe, so wie in der Geschichte ab und zu einmal etwas geschieht, was bis dahin ohne Beispiel ist[1]«. Schließlich, so fährt Weizsäcker fort, verlangt der Weltfriede von uns »eine außerordentliche moralische Anstrengung«, »nämlich die Entwicklung einer Ethik der technischen Welt, d. h. die Re-ethisierung der total unethischen Realität in der technischen Welt«, was nur möglich sei, wenn es dem Menschen erlaubt ist, nach den herrschenden Machtverhältnissen sich gemäß dieser Ethik zu verhalten. In dem protokollierten Gespräch, in dem v. Weizsäcker diese Feststellungen machte, wurde von einem Teilnehmer die treffende Feststellung gemacht: »Der Einbruch des streng technischen Denkens hat den Machttrieb nicht gemildert, sondern emanzipiert und brutalisiert[2].« Das fordert wiederum zu einer psychologischen Anmerkung heraus. Der Einbruch des »streng technischen Denkens« hat einerseits zu einer Hypertrophie der Forderung nach Wertfreiheit in allen Aussagen über Naturphänomene einschließlich des Menschen geführt. Unter dieser Wertfreiheit hat sich aber sehr viel aggressive Ideologie kaschiert. Entsprechend haben sich die technischen Produktionsprozesse organisiert. Für die in ihnen tätigen Menschen wird es immer weniger möglich, sich an diesen Prozessen affektiv zu engagieren, d. h. sie zugleich zur Entwicklung der eigenen Persönlichkeit zu nutzen. Die Chance, Aggression im Arbeitsbereich in Aktivität überführen zu können, hat stetig abgenommen, weil

1 Carl Friedrich v. Weizsäcker, *Ist der Weltfriede unvermeidlich?* Im 24. Protokoll des Bergedorfer Gesprächskreises v. 21. 11. 1966, S. 6 ff.
2 Peter Dürrenmatt, ib. S. 19 ff.

diese Produktionsprozesse, immer erfolgreicher mechanisch gesteuert, immer autonomer von individuell gestaltenden Einflüssen verlaufen.
Es gehört zur Naivität des Menschen, neuen historischen Situationen gegenüber zu glauben, daß das, wofür er in der bereitwilligen Hingabe an das Neue keine Verwendung mehr hat, aus seiner Natur, aus seiner Anlage verschwände: zum Beispiel sein Sublimierungsbedürfnis in der Arbeit, was eine vom ökonomischen Nutzen ganz unabhängige Erfahrung darstellt. Unsere Zwangslage, in der wir eine »außerordentliche moralische Anstrengung« vollbringen sollen, macht uns diesen Akt nicht einfach. Im Augenblick soll das Konsumangebot wettmachen, was an Frustration aus entgangener Befriedigung an der Arbeit und was an Verlust von Sicherheit in einer traditionsberuhigten Umwelt entstanden ist. Die Befriedigung aus Gütern oder Genußmitteln ist aber nicht gleichwertig mit der Befriedigung, die aus der gelungenen Anstrengung zur Sublimierung von Aggression in gestaltende Aktivität herrührt. Die Konsumerleichterungen können auch nicht die Sicherheit einer in erreichbarer Nähe verstreuten Clan-Verwandtschaft ersetzen. Erfahrungen, die aber zum Aufbau der eigenen Identität und der Differenzierung und Strukturierung des sozialen Umfeldes in der Kindheit nicht schlecht geeignet waren.
Fünfzig Kriege und kriegsähnliche Zustände seit dem Ende des Zweiten Weltkrieges zeigen doch wohl die Stärke des Druckes kollektiver unbefriedigter Triebbedürfnisse. Wenn es wirklich zu diesem Engagement, zu dieser großen moralischen Anstrengung kommen sollte, so liegt die Aufgabe noch vor uns. Viel rascher

könnte aber das eintreten, was Bloch den »Kirchhoffrieden« nannte. Auch v. Weizsäcker beschäftigt die Gefahr des Konzepts eines Weltfriedens; denn »eine Welt, in der der Weltfrieden garantiert ist, könnte eine Form annehmen, die zu einer außerordentlichen Gefährdung der menschlichen Freiheit führt, indem in ihr das eigentliche Menschsein ausgeschaltet werden soll. Das wird zwar nicht gelingen, aber dieses Menschsein könnte vielleicht nur unter den größten Leiden aufrechterhalten werden«. Frieden verbindet sich dann mit dem Terror, nackt oder als perfektionierte Planung, was nur zu neuen Ausbrüchen der Destruktion führen könnte, Greuel, wie sie nicht wenige zeitgenössische Denker prophezeien, ohne daß sie deshalb in den Verruf reaktionärer »Kulturkritik« kommen müßten.

Vielleicht sollte man in diesem kurzen Abriß doch noch eines Phänomens zwischen Frieden und Aggressivität gedenken: es ist die Rolle der Grausamkeit als Ersatzbefriedigung für entgangene sublimierte Triebbefriedigungen, vor allem die ausgebliebene Genugtuung aus dem Erlernen von Techniken der Realitätsbeherrschung (skills). Im Akt der Grausamkeit gelingt es dann dem aggressiven Triebanteil in uns, auch noch Energien libidinöser Art an sich zu reißen. Die destruktive Tendenz bleibt aber führend. Das mag den Betrachter unserer Zeit zunächst erstaunen. Er könnte meinen, daß die sehr viel leichter zugängliche Befriedigung sexueller Triebregungen gleichsam eine Kompensation für die aggressiven Triebverzichte bieten könnte. Doch hat sich dies nicht bestätigt, vielmehr sind nach wie vor unzählige primär unter libidinösen Aspekten geknüpfte Bedürfnisse durchtränkt von unbefriedeten und

überschießenden aggressiven Impulsen, ohne daß den Betreffenden ihre innere Motivation im Übergang von Liebe zu Haß zugänglich wäre. Denn die »unethische Realität in der technischen Welt« – vielleicht sollte man von einer ethisch indifferenten technischen Welt sprechen – hat auch einen neuen Aspekt der Entfremdung des Menschen von seinen erotischen Möglichkeiten mit sich gebracht, deren Individuierung für das Wohlbefinden und überhaupt die Herstellung einer Friedensgesellschaft unersetzlich ist. Hat dem Christen seine Religion durch Jahrtausende das sexuelle Glück vergällt, so ist es jetzt die Reduktion der erotischen Erfahrung auf ein dem Konsumbedürfnis nachgebildetes Sexualitätsbedürfnis, das ihn an der Humanisierung seiner geschlechtlichen Beziehungen hemmt.
So möchte ich also die Konsequenz ziehen, daß diese von Weizsäcker sogenannte »Gefährdung des eigentlichen Menschseins« doch offenbar auch die Möglichkeit des Erzwingens einer unkompensierten Einschränkung der menschlichen Aggression einschließt, was sich unbewußt mehr als bewußt uns als Einschränkung der Freiheit signalisiert. Für einen technokratischen Weltstaat, der eine unabsehbar wachsende Zahl von Menschen umfaßt, muß diese unkompensierte Unterdrückung der Aggression sowohl zur administrativen Notwendigkeit wie zur überragenden Gefahrenquelle werden. Eines Tages wird es sich dann entscheiden, ob gegen den perfekt organisierten und manipulierten Weltfrieden, der um den Preis der Konformisierung hergestellt wird, der Einsatz von »Kampf« – von geburtshelferischem Kampf – genügen wird, oder ob da nicht alsbald eine Kette von Weltbürgerkriegen diese konformistische Zwangswelt

erschüttern wird. Gerade für die dieser Problematik bewußten Denker der marxistisch-leninistischen Friedensordnung erhebt sich im Hinblick auf die »neue Klasse« der technokratischen Elite diese Frage.

Wenn wir in Rechnung stellen, daß die Produktions- und allgemeinen Lebensbedingungen in unserer technischen Zivilisation einen zunehmenden Überschuß an nicht in der Normalität des Alltags integrierbarer aggressiver Energie schaffen, dann wird uns klar, daß die moralische Anstrengung, nach der Ausschau gehalten wird, zunächst in gar nichts anderem bestehen kann als in der Veränderung dieser Lebensbedingungen.

Es ist außerordentlich eindrucksvoll, wie uns unser Wunschdenken über die Zwangslage, in der wir uns befinden, täuschen will. Da wird die immerhin in erreichbare Nähe rückende Utopie gepflegt: die Utopie einer Welt ohne entfremdende Arbeit. Das wäre dann also die Verselbständigung einer Maschinenwelt, die mit dem Leben der Menschen nur noch insoweit verbunden wäre, als diese die Maschinen zu entwerfen und auszudenken haben. Das aber gelingt, wie uns die europäische Geschichte, in der das naturwissenschaftliche Denken begonnen hat, beweist, nur einer Kulturgruppe, in welcher ein hoher aggressiver Erregungszustand in der Neuzeit permanent fühlbar war. Es ist also nicht zu erwarten, daß die aggressive Energiegleichung dieser arbeitsfreien Kultur ohne weiteres aufgegeben wird. Denn auch sie steht unter kategorischen Zwängen, neben der Unruhe stiftenden Aggression, zum Beispiel dem der großen, erlebnismäßig nicht mehr gliederbaren Population, also unter den Frustrationen des Massendaseins in den verschiedensten Zusammenhängen.

Offensichtlich ist es in der Vergangenheit ein wirkungsvolles Korrektiv gegen die Manipulierung der Aggression in die Destruktion gewesen, wenn es einer Gesellschaft gelungen war, eine relativ große Zahl ziemlich meinungsunabhängiger, der kritischen Realitätsprüfung fähiger Individuen heranzubilden und ihnen auch sozialen und politischen Einfluß zu gewähren – was bekanntlich in Deutschland immer besonders schwerfiel. Es scheint, daß die Funktion dieser Individuen im ganzen einer Gesellschaft Streit und Kampf von vernunftbezogener Art mobilisiert und dadurch den Widerstand gegen die Regression in primitiv destruktive Affektäußerungen verstärkt. Wie aber soll dies gelingen in Staaten mit Hunderten von Millionen Menschen? Wie soll angesichts der wachsenden Gefahr der größten Hungerkatastrophen, die die Menschheit je getroffen haben, diese Durchstrukturierung von sozialen Riesenräumen gelingen, während doch – wie die Vereinigten Staaten in Vietnam zeigen – Nationen, die bereits in ihren staatlichen Fundamenten zu solcher Individualisierung, zur Hochachtung der individuellen Verantwortung tendieren, diesen Rückhalt in ihrer humanen Vernunft verlieren können?
Zum Schluß seien zwei Fakten erwähnt, die immerhin als Haltepunkte für die Zuversicht gelten können. Zunächst ist zu vermerken, daß die Bindungen an Objekte, welche aggressive Bedürfnisse eingehen, zwar sehr haltbar sein können – zum Beispiel müssen Sündenböcke unter Umständen durch Generationen herhalten –, in der Regel ist die aggressive Besetzung der Objekte aber ziemlich mobil. Sie entspricht der Vielfältigkeit menschlicher Interessenrichtungen, die ohne solche

emotionelle Besetzung mit libidinöser und aggressiver Energie gar nicht zum Gegenstand ernsthafter Bemühungen für uns werden könnten. Es ist also denkbar, daß die intensiveren Kontakte zwischen Weltbereichen, die in der bisherigen Kulturentwicklung der Menschheit voneinander wenig Kunde und deshalb auch füreinander wenig Verständnis hatten, tatsächlich Voraussetzungen für eine Weltinnenpolitik statt einer Weltaußenpolitik entstehen lassen. Wenn wir auf unseren westlichen Nachbarn blicken, haben wir Grund zu der realistischen Feststellung, daß diese Innenpolitik allerdings keineswegs weniger mühsam als die bisherige Außenpolitik sein muß, unter Umständen ist sie schwieriger und verlangt noch mehr Geduld. Aber in einem Punkt unterscheidet sie sich grundsätzlich von der Außenpolitik: die Fortsetzung dieser Politik »mit anderen Mitteln« ist unmöglich geworden. Die Erregung dem Kontrahenten, dem Gegner, dem Andersgläubigen gegenüber kann nicht mehr jenen Grad von Feindseligkeit erreichen, der den Krieg möglich, unter Umständen unausweichlich machte. Für viele unserer Mitbürger mag dies dem großen östlichen Nachbarn gegenüber bis heute noch unmöglich erscheinen.

Außerdem vollzieht sich – und das wäre der zweite Hoffnungsschimmer – »die geschichtliche Verwandlung des Affekthaushaltes«, wie dies Norbert Elias[1] vor Jahren genannt hat. Was damit gemeint ist, kann man am besten mit einem seiner Beispiele erläutern: »In Paris gehörte es während des 16. Jahrhunderts zur Festesfreude des Johannestages, ein oder zwei Dutzend

1 Norbert Elias, *Über den Prozeß der Zivilisation*, Basel 1939, Bd. I, S. 282.

Katzen lebendig zu verbrennen. Diese Feier war sehr berühmt. Das Volk versammelte sich. Festliche Musik spielte auf. Unter einer Art von Gerüst wurde ein mächtiger Scheiterhaufen errichtet. Dann hing man an dem Gerüst einen Sack oder Korb voll Katzen auf. Sack oder Korb fingen an zu glimmen. Die Katzen fielen in den Scheiterhaufen und verbrannten, während sich die Menge an ihrem Schreien und Miauen erfreute. Gewöhnlich waren König und Hof anwesend. Zuweilen ließ man dem König oder dem Dauphin die Ehre, den Scheiterhaufen anzuzünden.« Elias sieht deutlich, »daß vieles von dem, was ehemals Lust erregte, heute Unlust erregt«. »Heute wie damals handelt es sich nicht nur um individuelle Empfindungen. Jene Katzenverbrennungen am Johannesfest waren eine gesellschaftliche Institution.« Was heute Boxkämpfe oder harte Fußballwettkämpfe sind, waren damals die Katzenverbrennungen. Es handelt sich – wie Elias meint – um Vergnügungen, »die die Gesellschaft sich verschafft, um Inkarnationen eines gesellschaftlichen Affekt-Standards, in dessen Rahmen sich alle individuellen Affekt-Modellierungen halten, so verschiedenartig sie sein mögen; wer aus dem Rahmen des gesellschaftlichen Triebstandards heraustritt, gilt jeweils als ›anormal‹. So würde heute jemand als anormal gelten, der seiner Lust in der Weise des 16. Jahrhunderts etwa, durch die Verbrennung von Katzen, Befriedigung verschaffen wollte[1]«.
Das Beispiel macht deutlich, wie dies auch die Strafformen im Vergleich zeigen, daß die Wildheit aggressiver Äußerungen im ganzen des Lebensstiles zurückgeht, mindestens stärker mißbilligt wird. Welche

1 ib. S. 282.

Faktoren diesen Prozeß definitiv bestimmen, darüber gibt es viel zuwenig empirische Forschung. Es ist aber denkbar, daß die »Verwandlung des Affekthaushaltes« dadurch weiter fortschreitet, daß es uns gelingt, die soziale Einpassung des Menschen in den frühen Phasen der Kindheit schonender, d. h. nicht mit einer falschen Toleranzideologie, sondern mit Einfühlung zu vollziehen, so daß sich die Bereitschaft, später auf regressive Weise mit der Aggression umzugehen, weiter verringert. Dies geschieht aber gleichsam in einem »atemlosen Wettlauf mit der Zeit«, während die Organisation des Unfriedens nicht nachläßt. Da wir in einer Zeit leben, welche jedes Bedürfnis messend zu objektivieren sucht und dies auch für ihre Produktionsplanung tun muß, entstehen schließlich aus psychischen Problemen – z. B. manipulierter Aggression und Angst – ungeheure Ballungen von Machtinteressen (etwa der Rüstungsindustrie). Es ist kaum zu bestreiten, daß die »nationale Verteidigung ... eines der größten, wenn nicht sogar das größte Geschäft in den USA geworden ... ist«, sagen die Kenner der Materie[1]. Wenn es heißt, die amerikanischen Firmen hätten eine »erstaunliche Fähigkeit entwickelt, von einer Rüstungsproduktion sich auf eine andere umzustellen (z. B. von Flugzeugen auf Raketen), aber ihre Versuche, mit ihrer Rüstungstechnologie sich auf zivile Produkte und Märkte umzustellen, seien gescheitert[2]«, so erinnert das auffällig an die zitierte unbremsbare Mobilisierung der Armeen des Deutschen Reiches 1914.

1 F. O. Mischke, zit. n. Fritz Vilmar, *Rüstung und Abrüstung im Spätkapitalismus*, Frankfurt 1965, S. 223.
2 Vilmar, ib. S. 227.

Es war nicht die Aufgabe dieser Überlegungen, auch solche praktisch außergewöhnlich wichtigen, aber doch eben sekundären Zwänge zu beachten. Durch Machtkonstellationen innerhalb der Gesellschaft gelingt es interessierten Gruppen, friedlichen Planungen entschlossen in den Weg zu treten. Das lenkt von der Beachtung primärer Vorbedingungen der mangelnden Friedfertigkeit ab. Der Psychoanalytiker sucht bei seinen Kranken wie bei seiner Gesellschaft nach den innerseelischen Bedingungen, die eine Pazifierung hemmen. Das Wissen, das er dabei gegen zähen Widerstand sammelt, kann eines Tages dem Soziologen wie dem Politiker nützlich sein. Erst im Zusammenfügen aller beobachtbaren Determinanten läßt sich eine Prognose ermitteln – die Prognose darüber, ob es bei der immer wiederkehrenden Verwandlung von Aggression in Destruktion bleiben muß –, was dann wohl, mit K. Kraus zu sprechen, auf die »letzten Tage der Menschheit« hinführen und das Streitgespräch über die Existenz eines Todestriebes mit beenden würde.

Editorische Notiz

Aggression – Annäherung an das Thema vom Alltag her: bisher unveröffentlicht

Aggression und Anpassung: erste Veröffentlichung des Textes Frankfurt 1968
edition suhrkamp Band 282

Thesen über Grausamkeit: bisher unveröffentlicht

Die Idee des Friedens und die menschliche Aggressivität: Antrittsvorlesung, Frankfurt 1968

Bibliothek Suhrkamp

Verzeichnis der letzten Nummern

866 Joachim Maass, Die unwiederbringliche Zeit
869 Hermann Hesse, Steppenwolf mit 15 Aquarellen von Gunter Böhmer
870 Thomas Bernhard, Der Theatermacher
871 Hans Magnus Enzensberger, Der Menschenfreund
872 Emmanuel Boye, Bécon-les-Bruyères
873 Max Frisch, Biografie: Ein Spiel, Neue Fassung 1984
874 Anderson/Stein, Briefwechsel
876 Walter Benjamin, Sonette
877 Franz Hessel, Pariser Romanze
878 Danilo Kiš, Garten, Asche
880 Adolf Muschg, Leib und Leben
882 Max Frisch, Blaubart
883 Mircea Eliade, Nächte in Serampore
884 Clarice Lispector, Die Sternstunde
886 Tania Blixen, Moderne Ehe
888 Thomas Bernhard, Ritter, Dene, Voss
891 Peter Huchel, Die neunte Stunde
892 Scholem Alejchem, Schir-ha-Schirim
895 Raymond Queneau, Mein Freund Pierrot
896 August Strindberg, Schwarze Fahnen
898 E. M. Cioran, Widersprüchliche Konturen
899 Thomas Bernhard, Der Untergeher
900 Martin Walser, Gesammelte Geschichten
901 Leonora Carrington, Das Hörrohr
903 Walker Percy, Der Kinogeher
904 Julien Gracq, Die engen Wasser
907 Gertrude Stein, Jedermanns Autobiographie
908 Pablo Neruda, Die Raserei und die Qual
910 Thomas Bernhard, Einfach kompliziert
914 Wolfgang Koeppen, Der Tod in Rom
916 Bohumil Hrabal, Sanfte Barbaren
917 Tania Blixen, Ehrengard
918 Bernard Shaw, Frau Warrens Beruf
919 Mercè Rodoreda, Der Fluß und das Boot
922 Anatolij Kim, Der Lotos
923 Friederike Mayröcker, Reise durch die Nacht
924 Stig Dagerman, Deutscher Herbst
926 Wolfgang Koeppen, Tauben im Gras/Das Treibhaus/Der Tod in Rom
927 Thomas Bernhard, Holzfällen
928 Danilo Kiš, Ein Grabmal für Boris Dawidowitsch
929 Janet Frame, Auf dem Maniototo
930 Peter Handke, Gedicht an die Dauer
931 Alain Robbe-Grillet, Der Augenzeuge
935 Marguerite Duras, Liebe
938 Juan Carlos Onetti, Leichensammler

1011 Alexandros Papadiamantis, Die Mörderin
1012 Hermann Broch, Die Schuldlosen
1013 Benito Pérez Galdós, Tristana
1014 Conrad Aiken, Fremder Mond
1015 Max Frisch, Tagebuch 1966–1971
1016 Catherine Colomb, Zeit der Engel
1017 Georges Dumézil, Der schwarze Mönch in Varennes
1018 Peter Huchel, Gedichte
1019 Gesualdo Bufalino, Das Pesthaus
1020 Konstantinos Kavafis, Um zu bleiben
1021 André du Bouchet, Vakante Glut / Dans la chaleur vacante
1022 Rainer Maria Rilke, Briefe an einen jungen Dichter
1023 René Char, Lob einer Verdächtigen / Eloge d'une Soupconnée
1024 Cees Nooteboom, Ein Lied von Schein und Sein
1025 Gerhart Hauptmann, Das Meerwunder
1026 Juan Benet, Ein Grabmal / Numa
1027 Samuel Beckett, Der Verwaiser / Le dépeupleur / The Lost Ones
1028 Ulrich Plenzdorf, Die neuen Leiden des jungen W.
1029 Bernard Shaw, Die Abenteuer des schwarzen Mädchens auf der Suche nach Gott
1030 Francis Ponge, Texte zur Kunst
1031 Tankred Dorst, Klaras Mutter
1032 Robert Graves, Das kühle Netz / The Cool Web
1033 Alain Robbe-Grillet, Die Radiergummis
1034 Robert Musil, Vereinigungen
1035 Virgilio Piñera, Kleine Manöver
1036 Kazimierz Brandys, Die Art zu leben
1037 Karl Krolow, Meine Gedichte
1038 Leonid Andrejew, Die sieben Gehenkten
1039 Volker Braun, Der Stoff zum Leben 1-3
1040 Samuel Beckett, Warten auf Godot
1041 Alejo Carpentier, Die Hetzjagd
1042 Nicolas Born, Gedichte
1043 Maurice Blanchot, Das Todesurteil
1044 D. H. Lawrence, Der Mann, der Inseln liebte
1045 Jurek Becker, Der Boxer
1046 E. M. Cioran, Das Buch der Täuschungen
1047 Federico García Lorca, Diwan des Tamarit / Diván
1048 Friederike Mayröcker, Das Herzzerreißende der Dinge
1049 Pedro Salinas, Gedichte / Poemas
1050 Jürg Federspiel, Museum des Hasses
1051 Silvina Ocampo, Die Furie
1052 Alexander Blok, Gedichte
1053 Raymond Queneau, Stilübungen
1054 Dolf Sternberger, Figuren der Fabel
1055 Gertrude Stein, Q. E. D.
1056 Mercè Rodoreda, Aloma
1057 Marina Zwetajewa, Phoenix
1058 Thomas Bernhard, In der Höhe, Rettungsversuch, Unsinn
1059 Jorge Ibargüengoitia, Die toten Frauen

1060 Henry de Montherlant, Moustique
1061 Carlo Emilio Gadda, An einen brüderlichen Freund
1062 Karl Kraus, Pro domo et mundo
1063 Sandor Weöres, Der von Ungern
1064 Ernst Penzoldt, Der arme Chatterton
1065 Giorgos Seferis, Alles voller Götter
1066 Horst Krüger, Das zerbrochene Haus
1067 Alain, Die Kunst sich und andere zu erkennen
1068 Rainer Maria Rilke, Bücher Theater Kunst
1069 Claude Ollier, Bildstörung
1070 Jörg Steiner, Schnee bis in die Niederungen
1071 Norbert Elias, Mozart
1072 Louis Aragon, Libertinage
1073 Gabriele d'Annunzio, Der Kamerad mit den Wimpernlosen Augen
1075 Max Frisch, Biedermann und die Brandstifter
1076 Willy Kyrklund, Vom Guten
1077 Jannis Ritsos, Gedichte
1079 Max Dauthendey, Lingam
1080 Alexej Remisow, Gang auf Simsen
1082 Octavio Paz, Adler oder Sonne?
1083 René Crevel, Seid ihr verrückt?
1084 Robert Pinget, Passacaglia
1085 Wolfgang Koeppen, Eine unglückliche Liebe
1086 Mario Vargas Llosa, Lob der Stiefmutter
1087 Marguerite Duras, Im Sommer abends um halb elf
1088 Joseph Conrad, Herz der Finsternis
1090 Czesław Milosz, Gedichte
1091 Karl Kraus, Die letzten Tage der Menschheit
1092 Jean Giono, Der Deserteur
1093 Michel Butor, Die Wörter in der Malerei
1095 Max Frisch, Fragebogen
1097 Bohumil Hrabal, Die Katze Autitschko
1098 Hans Mayer, Frisch und Dürrenmatt
1099 Isabel Allende, Eine Rache und andere Geschichten
1100 Wolfgang Hildesheimer, Mitteilungen an Max
1101 Paul Valéry, Über Mallarmé
1102 Marie Nimier, Die Giraffe
1103 Gennadij Ajgi, Beginn der Lichtung
1104 Jorge Ibargüengoitia, Augustblitze
1105 Silvio D'Arzo, Des andern Haus
1106 Werner Koch, Altes Kloster
1107 Gesualdo Bufalino, Der Ingenieur von Babel
1108 Manuel Puig, Der Kuß der Spinnenfrau
1109 Marieluise Fleißer, Das Mädchen Yella
1110 Raymond Queneau, Ein strenger Winter
1111 Gershom Scholem, Judaica 5
1112 Jürgen Becker, Beispielweise am Wannsee
1113 Eduardo Mendoza, Das Geheimnis der verhexten Krypta
1114 Wolfgang Hildesheimer, Paradies der falschen Vögel
1115 Guillaume Apollinaire, Die sitzende Frau

Bibliothek Suhrkamp

Alphabetisches Verzeichnis